O DIÁLOGO DOS CLÁSSICOS
Divisão do trabalho e modernidade na Sociologia

FLÁVIO SALIBA CUNHA
ROBERTO DUTRA TORRES JUNIOR

POLÍTICA & SOCIEDADE

O DIÁLOGO DOS CLÁSSICOS
Divisão do trabalho e modernidade na Sociologia

FLÁVIO SALIBA CUNHA
ROBERTO DUTRA TORRES JUNIOR

EDITORA
C/ Arte

Editora C/ARTE

Autores:
FLÁVIO SALIBA CUNHA
ROBERTO DUTRA TORRES JUNIOR

Editor:
FERNANDO PEDRO DA SILVA

Conselho editorial:
ANTÔNIO EUGÊNIO DE SALLES COELHO
DIMAS DE MELO BRAZ
ELIANA REGINA DE FREITAS DUTRA
LÍGIA MARIA LEITE PEREIRA
LUCIA GOUVÊA PIMENTEL
MARIA AUXILIADORA DE FARIA
MARÍLIA ANDRÉS RIBEIRO
MARÍLIA NOVAIS DA MATA MACHADO
OTÁVIO SOARES DULCI

Revisão:
HUMBERTO MENDES

Projeto gráfico e capa:
MARCELO BELICO

Imagem de capa:
WASSILY KANDINSKY. *Improvisação 30*, óleo sobre tela, 110x110cm, 1913. (Detalhe)

Todos os direitos reservados. Proibida a reprodução, armazenamento ou transmissão de partes deste livro, através de quaisquer meios, sem prévia autorização por escrito.

Direitos exclusivos desta edição:

Editora C/ Arte
Av. Guarapari, 464
Cep 31560-300 - Belo Horizonte - MG
Pabx: (31) 3491-2001
com.arte@comartevirtual.com.br
www.comarte.com

C972d Cunha, Flávio Saliba, 1944-
O diálogo dos clássicos: divisão do trabalho e modernidade na sociologia / Flávio Saliba Cunha; Roberto Dutra Torres Junior; [Editor: Fernando Pedro da Silva]. - Belo Horizonte: C/Arte, 2004.
106 p.: (Política & Sociedade)

ISBN: 85-7654-014-2

1. Divisão do Trabalho. 2. Sociologia do Trabalho. I. Junior, Roberto Dutra, 1981-   II. Silva, Fernando Pedro da, 1965-   III. Título. IV. Série.

CDD: 301.55
CDU: 331.013

Sumário

PREFÁCIO 7

APRESENTAÇÃO 11

INTRODUÇÃO 13

CAPÍTULO 1   IGUALDADE E LIBERDADE COMO REALIDADES OBJETIVAS 31

CAPÍTULO 2   DIVISÃO DO TRABALHO E INDIVIDUALISMO MORAL 43

CAPÍTULO 3   DIVISÃO DO TRABALHO E BUROCRACIA 57

CAPÍTULO 4   DIVISÃO DO TRABALHO E CIDADANIA 69

CONCLUSÃO 95

REFERÊNCIAS 103

Prefácio

Flávio Saliba Cunha e Roberto Dutra Torres Junior empreendem, neste excelente ensaio *O diálogo dos clássicos:* divisão do trabalho e modernidade na Sociologia, uma reflexão crítica sobre o que pareceria o fio condutor das obras aparentemente contrastantes de autores como Marx, Durkheim, Weber e Simmel, ao mesmo tempo em que tecem considerações sobre a adequação do pensamento clássico no que concerne a uma interpretação do sistema capitalista contemporâneo, fundado em relações de mercado hegemônicas. Os autores identificam tal comunalidade no processo de divisão social do trabalho, ainda que com diferentes apreciações pelos clássicos, como uma tendência inexorável da modernidade e como inerente à lógica de expansão do sistema capitalista.

A importância da reflexão aqui empreendida fica evidente quando se tem em conta a centralidade do processo de divisão social do trabalho no âmbito de relações de mercado que se universalizaram com a integração progressiva da ordem capitalista num sistema globalizado. Por essa razão mesma, ao apontar a divisão do trabalho como fio condutor na produção teórica da sociologia, o texto também ajuda a compreender a maneira pela qual a ideologia pró-mercado, consubstanciada nas teorias e práticas neoliberais, atingiu a estatura de pensamento hegemônico, quase dogmático, em décadas recentes. Desta forma, mais do que novamente salientar o papel fundador dos clássicos da sociologia em termos de sua acuidade em identificar tendências básicas que vieram a se constituir na trajetória mesma da sociedade moderna, Cunha e Torres, na verdade, convidam os leitores a repensar certos traços do contexto contemporâneo como desdobramentos da referida trajetória. Em outras palavras, no processo de diferenciação crescente, determinado pela divisão social do trabalho, residiria a chave para a compreensão de sua contrapartida, isto é, o processo inverso de equalização crescente promovido pela expansão das relações de mercado.

Este aparente paradoxo é explorado de maneira competente pelos autores neste ensaio. Partindo da identificação do eixo comum às abordagens de Marx, Weber e Durkheim que pode ser identificado na visão sobre o papel socialmente integrador da divisão social do trabalho, estabelecendo um contraponto com a noção de interdependência de Norbert Elias, Cunha e Torrers começam por explorar o tema da igualdade e liberdade e os processos de constituição da individualidade e da cidadania para mostrar, afinal, como a cidadania cívica seria decorrente da expansão das relações de mercado e intensificação do processo de divisão social do trabalho e não fruto de iniciativa no plano político.

Trata-se de uma tese corajosa e, por isso mesmo, polêmica. A ênfase do ensaio no fato de que igualdade e liberdade resultam da difusão de práticas de mercado remete o leitor ao cerne do pensamento liberal, sugerindo que o vigor dessa corrente e sua hegemonia avassaladora no contexto atual residiria precisamente na possibilidade empírica de um mercado funcionando sem a ingerência de fatores políticos. No limite, portanto, enquanto processo no mundo real, a instauração de práticas políticas de teor democrático, regidas por instituições responsáveis pela geração de igualdade formal, por sua vez, assegurada pelo mercado, implicaria a própria eliminação da política.

Por outro lado, se liberdade decorre da divisão do trabalho e, por implicação, também os direitos de cidadania (Durkheim), se igualdade e liberdade caminham juntos (Simmel), se igualdade de condições no plano formal assegura o estado de direito (Tocqueville), se democracia e direitos civis resultam da dinâmica integradora do mercado, enfim, como compreender o eixo dos direitos sociais e a politização resultante da necessidade de se amenizar a desigualdade no plano substantivo que as mesmas relações de mercado tenderiam a gerar?

Com base na reflexão dos clássicos, sobretudo Marx, passando pelo trabalho monumental de Polanyi, a produção da teoria econômica de veio Keynesiano e toda a discussão sobre a social democracia e a implantação do Estado de Bem Estar, a resposta a essa pergunta estaria, novamente, na centralidade do processo de divisão social do trabalho que Cunha e Torres apontam como determinante: as relações de mercado têm uma dupla face, caracterizada por uma dinâmica aparentemente contraditória. De um lado, elas igualam e garantem a simetria de condições no plano formal; de outro, elas desigualam gerando diferenças no plano substantivo, só possíveis de serem atenuadas pela prática política, assegurada, por sua vez, por instituições formais que regulam a competição. Nessa segunda ótica, a liberdade residiria na possibilidade de "descomodificação" ou "desmercantilização" das relações sociais. Conquanto não explorem essa possibilidade no presente texto, é importante ressaltar como uma lógica distinta poderia se derivar a partir do mesmo mecanismo de diferenciação que Cunha e Torres destacam em sua análise.

A relevância do trabalho de Cunha e Torres pode ser ainda aquilatada por um aspecto adicional, igualmente fundamental na teoria sociológica, a que a análise aqui empreendida também remete o leitor: trata-se da relação entre estrutura e o nível microssocial. Os autores buscaram também identificar nos clássicos as maneiras pelas quais se entrelaçam as práticas individuais, gerando estruturas ao mesmo tempo em que o contexto de estruturas pré-existentes configura a ação social. Nesse sentido, os autores salientam, com propriedade, a falta de clareza que permeia a teoria quanto a uma definição de estrutura. Tal deficiência, cumpre agregar, estaria no cerne da problemática central da teoria social que tem a ver com a impossibilidade de uma teoria da mudança *ex-ante*, presente nos debates entre as perspectivas do neo-institucionalismo histórico, sociológico e da escolha racional. Em outras palavras, haveria sempre uma dimensão de indeterminação da ação que se expressa no fato de que as interações são estratégicas e que os atores definem o curso da ação segundo uma lógica processual, antes que conseqüencial. As teorias de mudança institucional partem de resultados para, a partir daí, identificar, seja as motivações dos atores, seja os fatores estruturais supostamente responsáveis pela produção de determinados resultados ou trajetórias. Isso significa dizer que as relações entre estrutura e comportamento individual não são facilmente determináveis e, por conseqüência, tampouco são precisos os conteúdos de estrutura enquanto fatores de mudança.

O trabalho de Cunha e Torres, a despeito de se constituir numa reflexão pertinente, central e instigante do ponto de vista teórico, tem a vantagem da clareza e da concisão, por vezes ausentes em trabalhos eminentemente teóricos desta natureza. Longe de elaborar um tratado longo e hermético sobre o tema proposto, os autores identificam o problema central, confinam-se a um conjunto de trabalhos e o analisam de forma clara e objetiva. Por essa razão, certamente se firmará como um texto de referência que poderá informar, de maneira didática, a leitura dos clássicos em cursos de teoria sociológica.

Renato R. Boschi
IUPERJ/UCAM
Rio de Janeiro, outubro de 2004

Apresentação

Este livro é resultado da proveitosa colaboração intelectual entre um veterano professor de sociologia e um jovem aluno da graduação em Ciências Sociais, dotado de rara vocação sociológica.

Na minha curta passagem pela Universidade Estadual do Norte Fluminense Darcy Ribeiro – UENF, entre os anos de 2000 e 2003, tive a grata satisfação de conviver com um grupo de estudantes que aliavam com maestria suas excepcionais qualidades acadêmicas à convivência afável e respeitosa.

Com estes e mais alguns alunos da pós-graduação em Políticas Sociais formei, juntamente com a professora Adélia Miglievich Ribeiro, um grupo de trabalho em teoria social dedicado a analisar, sobretudo, as dimensões da chamada "crise da Sociologia" contemporânea.

Não sem alguma provocação de minha parte e compreensível resistência inicial da parte deles, creio haver transmitido a esses alunos minha insatisfação com as interpretações correntes dos problemas sociais brasileiros e com o arcabouço teórico utilizado na explicação de fenômenos tais como aqueles abordados neste livro.

Ainda que correndo o risco de omitir os nomes de alguns dos que colaboraram com seus trabalhos pessoais e sua curiosidade intelectual para a criação de um produtivo ambiente de pesquisa no Centro de Ciências do Homem da UENF, gostaria de dedicar este livro aos meus ex-alunos Brandi Arenari, Fabrício Monteiro, Henrique Beck Paiva, Vitor Moraes, Renato Barreto e, naturalmente, ao Roberto, co-autor deste trabalho. A este devo não apenas a adesão imediata ao projeto de elaboração deste livro e, conseqüentemente, às minhas preocupações teóricas como, também, a incorporação ao nosso plano de trabalho de temas e autores que se mostraram indispensáveis à consecução de nossa empreitada teórica.

Ao professor Renan Springer de Freitas, meu sincero agradecimento pelas valiosas sugestões e críticas aos argumentos desenvolvidos neste livro.

Flávio Saliba Cunha
Belo Horizonte, março de 2004

Introdução

As disciplinas que se propõem a explicar cientificamente as sociedades humanas, notadamente a Sociologia, encontram-se hoje quase tão fragmentadas quanto seu próprio objeto de análise: a sociedade contemporânea. Cumpre-se o vaticínio do "decifra-me ou te devoro". Que as ciências sociais dificilmente conseguem ser neutras todo mundo sabe, mas a sociologia deixou-se envolver de tal forma por uma secular disputa ideológica, patrocinada sobretudo por marxistas e weberianos, que hoje transformou-se, como sugere Giddens, num reduto de descontentes: dos descontentes com as desigualdades sociais aos descontentes com o próprio casamento. É a Sociologia fazendo as vezes da Psicanálise. É o desacordo em torno de questões teóricas fundamentais empurrando a disciplina para o campo fácil dos acordos politicamente corretos sobre questões sociais legítimas, mas de duvidosa centralidade sociológica. O problema que aqui se coloca é o de reconhecer que, mesmo quando metodologicamente rigorosas, poucas são as abordagens microssociológicas que têm contribuído para desvendar a lógica de processos sociais cujas determinações estruturais ainda são objeto de intensas disputas teóricas. Mais do que parciais (o que em ciência não é defeito), estes estudos mostram-se, com freqüência, fragmentados e inconclusos, resultando seus esforços em estabelecer conexões entre o objeto empírico observado e processos sociais mais amplos e inferências genéricas previamente acordadas no plano ideológico ou no senso comum. O que se segue é um primeiro e parcial resultado de reflexões que, à semelhança dos esforços realizados por autores como Giddens e Alexander, procuram concentrar-se nas questões que caracterizariam a "crise da Sociologia" contemporânea.

Alexander afirma que "contra a dominação do funcionalismo no pós-guerra empreenderam-se duas revoluções", a saber, a das escolas radicais da microteorização que, por um lado, destacavam a interação e a ação dos indivíduos, e as da macroteorização que, por outro lado, procuravam enfatizar o "papel das estruturas coercitivas na determinação do comportamento individual e coletivo"[1], e cujo rápido declínio deveu-se à sua insustentável unilateralidade. Em reação a isso surge, segundo Alexander, uma geração de sociólogos que formula um programa de trabalho cujo objetivo principal é articular ação e estrutura e que põe na ordem do dia mais uma teoria que busque a síntese do que uma que insista na polêmica.

Perspectiva semelhante é a que orienta nosso trabalho, que tem como propósito identificar caminhos que possibilitem a integração das perspectivas teóricas clássicas a partir de temas e conceitos específicos, sem nos prender aos conteúdos que cada uma dessas teorias, tomadas isoladamente, busca enfatizar. Com efeito, a ausência de diálogo entre as várias contribuições que constituíram a teoria sociológica tem alimentado tanto a ortodoxia de abordagens paradigmáticas, quanto o ecletismo descritivo de abordagens "pluralistas", epistemologicamente problemáticas, cuja contribuição para a teoria social é, no mínimo, discutível.

Ainda que apresente uma série de outros sintomas, a "crise da Sociologia" pode, a nosso ver, ser resumida a duas facetas principais. A primeira, sempre associada às possibilidades dessa disciplina de criar instrumentos para uma intervenção precisa na realidade e resolver problemas, refere-se à descrença na cientificidade do discurso sociológico. A segunda possui uma vinculação mais estreita com a reflexão teórica e diz respeito às interpretações unilaterais da realidade social que contribuem para a perpetuação de dicotomias tais como "sociedade" e "indivíduo", "estrutura" e "ação", "macro" e "micro" conhecimentos. A este respeito, pode-se argumentar que as dificuldades de se articular as realidades micro e macrossociológicas têm contribuído para o fortalecimento de duas imagens nada agradáveis da Sociologia. A primeira, que corresponde ao unilateralismo macro, é de uma sociologia distante da vida cotidiana e que sustenta seu *status* de ciência apenas através de entidades como a consciência coletiva, o organismo social e as classes sociais, entre outros. A utilização indiscriminada dessas categorias, ainda

---

[1] ALEXANDER, Jeffrey. O novo Movimento Teórico. *Revista Brasileira de Ciências Sociais*. São Paulo, v. 2, n. 4, p. 5- 27, jun. 1987. p. 5.

que importantes para a afirmação da Sociologia enquanto disciplina acadêmica, impede que as ações e relações que se fazem e se desfazem no dia-a-dia dos atores sociais sejam submetidas a análises rigorosamente sociológicas, o que aponta para a necessidade de perspectivas que integrem individualidade, sociedade e história, como ressaltado por Wright Mills, Norbert Elias e Anthony Giddens.

O unilateralismo micro, por sua vez, apesar de dar mais espaço às análises das ações e relações cotidianas, o faz sem a devida referência aos elementos mais estáveis e regulares da realidade social, ou seja, suas estruturas. A imagem da Sociologia que se associa a esse tipo de visão é de uma disciplina empiricista preocupada apenas em descrever as interpretações que os indivíduos têm da realidade social. É uma sociologia que parece estar ao alcance de todos, não por que tenha superado sua distância em relação à vida cotidiana, mas por ter perdido seu rigor e sua cientificidade, sendo, portanto, mais suscetível às noções do senso comum. Acreditamos que uma imagem menos distorcida da Sociologia requer uma visão sociológica menos distorcida da realidade social. Em uma palavra: sínteses.

Tais sínteses têm sido, em parte, tecidas por diversos autores através de diversos conceitos. Até mesmo entre os clássicos, já no início do século XX e antes do esforço sintetizador de Talcot Parsons, foi possível identificar essa preocupação. O que seria o conceito simmeliano de *vivência* senão uma tentativa de estabelecer uma ponte entre as estruturas (formas sociais institucionalizadas) e a dimensão microssocial (formas sociais circunstanciais)? Entre os contemporâneos empenhados nesta tarefa, podemos citar Pierre Bourdieu com sua noção de *habitus*, Anthony Giddens com a noção de *estruturação*, e Norbert Elias com seu conceito de *interdependência*. Há, no entanto, uma lacuna que esses autores não lograram preencher e que, a nosso ver, consiste exatamente na imprecisão relacionada à noção de estrutura ou, de um modo mais amplo, aos elementos que antecedem e balizam as escolhas e ações dos atores sociais. Afinal, antes de articular estrutura e ação é preciso ter a noção exata do que esses termos significam. A definição weberiana de ação vem, de certo modo, sendo adotada pela maior parte dos autores contemporâneos. O termo *estrutura*, ao contrário, vem sendo usado com múltiplos significados e com pouca ou nenhuma precisão. Fala-se em *estruturas econômicas*, em *estruturas políticas*, em *estruturas familiares*, em *estrutura moral*, etc., quando sociedades primitivas, tradicionais ou modernas são analisadas, sem, contudo, identificar os elementos que estabelecem a proeminência de um tipo específico de determinação estrutural, por exemplo, na sociedade moderna.

A partir desses argumentos, pretendemos sustentar a necessidade de buscar acordos teóricos que tenham como objetivo principal estabelecer uma noção mais consensual de estrutura, assinalando seu significado específico no processo de modernização ocidental e em sua posterior expansão ao resto do mundo. Sustentamos ainda que, na modernidade ocidental, o avanço do processo de divisão do trabalho tem exercido um papel fundamental na configuração de seus elementos estruturais. Esses elementos, percebidos, com maior ou menor acuidade, por autores como Marx, Weber, Durkheim, Simmel e Elias, referem-se basicamente à institucionalização do mercado capitalista e da administração burocrática, processo este no qual a divisão do trabalho ocupa um papel central.

Portanto, os acordos em relação ao conceito de estrutura devem realizar-se em torno das contribuições desses autores, na tentativa de superar a visão paradigmática e contribuir para a formulação de teorias que propiciem maior cumulatividade ao conhecimento sociológico.

A questão que se coloca é a de como proceder para identificar estes acordos e, desta forma, contornar gradativamente obstáculos tidos como insuperáveis ao aprofundamento do conhecimento científico dos processos sociais. Tais obstáculos parecem de tal monta que se tornou consensual entre os profissionais da área a idéia de que, ao contrário das ciências naturais, as ciências sociais seriam incapazes de superar paradigmas, tendendo pela própria natureza de seu objeto a serem essencialmente discursivas e, portanto, pouco ou nada cumulativas. Neste particular, nossa perspectiva se distancia daquela proposta por Alexander, que vê no pluralismo discursivo uma tendência inexorável e, mesmo, desejável das ciências sociais.

O fato é que os cientistas sociais têm insistido muito mais no argumento da incompatibilidade dos pressupostos e assertivas teóricas gerais de seus paradigmas do que na identificação de processos sociais específicos, embora fundamentais, sobre os quais os clássicos costumam entrar em acordo. Estes acordos, no entanto, nem sempre são imediatamente reconhecíveis e sua identificação exige esforços no sentido oposto ao da exegese e da apologia que alimentam a polêmica e que levaram autores como Merton[2] a propor o abandono dos clássicos como condição para o avanço da ciência social.

Nosso argumento é o de que existe um terreno comum, isto é, um conjunto de temas sobre os quais os clássicos se debruçam e que, a nosso ver, constituem o núcleo a partir do qual é possível a elaboração de sínteses teóricas, sobretudo se se considera que a recorrência destes temas no pensamento desses autores se deu de forma amplamente independente do contato intelectual entre eles.

A síntese a que nos referimos torna-se, a rigor, inviável se fundada no propósito de compatibilizar o conjunto do pensamento desses autores. Embora abordando temas comuns, os clássicos podem assumir distintas perspectivas de análise, seja em função da maior ou menor centralidade que conferem a um ou outro processo, seja pela necessidade consciente ou inconsciente de dar coerência lógica a seus esquemas explicativos. Apesar disso, acreditamos que, a partir dos temas comuns é possível identificar, mesmo nas interpretações singulares desses autores, pontos de convergência que a tradição de polêmica terminou por encobrir.

Se algum consenso existe entre os sociólogos é o de que o objeto privilegiado da Sociologia clássica é a sociedade industrial capitalista e, assim sendo, não é de se surpreender que o seu repertório básico e

---

[2] "Os textos antigos, insiste Merton, simplesmente não deveriam ser analisados dessa maneira 'deploravelmente inútil'. Ele oferece duas alternativas: uma do âmbito da sistemática, a outra do âmbito da história. Do ponto de vista da ciência social, afirma que os textos antigos devem ser tratados de maneira utilitária e não clássica." (ALEXANDER, Jefrey. A importância dos Clássicos. In: GIDDENS, Anthony; TURNER, Jonathan. *Teoria Social Hoje*. São Paulo: Unesp, 1999. p. 29) Como observa Alexander, os esforços de Merton em eliminar da teoria sociológica os conteúdos e as influências dos textos antigos, principalmente quando estas se impõem de forma acrítica, foi o que levou o autor a defender o abandono das contribuições clássicas como algo verdadeiramente significativo para a sociologia. Dessa forma, apenas quando se tratar da história da disciplina, os autores e os textos clássicos deveriam ser invocados, não podendo oferecer nenhuma contribuição para o estudo de questões das quais a teoria sociológica pretende se ocupar. Essa posição, afirma Alexander, está baseada em um pressuposto duvidoso, qual seja, o de que a ciência social possui um grau de comutatividade suficiente para já ter incorporado aquilo que nas contribuições clássicas tem validade para a sistemática da teoria sociológica, não havendo nenhum motivo para se fazer referência aos autores ou aos textos antigos em todo seu conjunto. Nesse ponto, estamos de acordo com Alexander, pois está claro que a ciência social ainda não possui este grau de comutatividade. Os textos e os autores clássicos devem, portanto, estar submetidos a leituras menos apologéticas. Esse é o nosso propósito.

fundamental seja os temas do mercado, da divisão do trabalho, da mercadoria, da economia monetária, do individualismo, da racionalidade, enfim, da modernidade.

A nosso ver, qualquer tentativa de superação da visão paradigmática passa pela identificação dos significados comuns atribuídos, direta ou indiretamente, pelos clássicos a cada um destes elementos na construção de seus argumentos. Ora, a recorrência destes temas na literatura sociológica clássica não é senão um sintoma de sua centralidade na vida social e é esta centralidade que aponta para a necessidade de esforços para estabelecer acordos teóricos, mesmo quando estes temas assumem distintos pesos relativos nos modelos explicativos de cada um desses autores. O exemplo mais óbvio disso é o da recorrência e, por que não dizer, da centralidade do tema da divisão do trabalho nas obras de Marx, Weber e Durkheim. A nosso ver, a importância por eles atribuída ao processo de crescente divisão do trabalho na sociedade moderna tem sido mal avaliada, quando não ignorada por boa parte da literatura sociológica contemporânea.

Além destes três autores, também Simmel e Elias, não por acaso por muitos considerados clássicos, parecem haver reconhecido a centralidade do fenômeno da divisão do trabalho na conformação de processos sociais gerais e específicos. Ainda que se referindo com alguma freqüência ao fenômeno, a ampla maioria das análises sociológicas contemporâneas parece não haver atentado para o seu profundo significado na vida social. É intrigante constatar, por exemplo, como o papel da divisão do trabalho na geração da coesão social, tão ampla e convincentemente abordado por Durkheim, da mesma forma que o caráter integrador assumido pelo mercado na perspectiva marxista têm sido negligenciados na teoria social contemporânea. Um exemplo de esforço para identificar os acordos teóricos a que nos propomos encontra-se em um pequeno artigo de Cunha[3] sobre o papel da divisão do trabalho e das relações de mercado na geração da coesão social, indispensável à emergência do fenômeno da cidadania na sociedade moderna. Parte-se do pressuposto

---

[3] CUNHA, Flávio Saliba. Mercado, Coesão Social e Cidadania. *Cadernos de Ciências Sociais*. Belo Horizonte, v. 7, n. 10, p. 7-16, jul. 2000.

que pouco importa se a divisão do trabalho, para Durkheim, responde diretamente à necessidade de coesão social ou se, para Marx, é uma mera decorrência da evolução das forças produtivas. Em ambas perspectivas o processo de crescente divisão do trabalho assume, explícita ou implicitamente, absoluta centralidade na geração de coesão social e é esta centralidade que exige esforços de investigação do real significado deste fenômeno num amplo leque de processos sociais. Ora, pode-se perguntar como conciliar duas perspectivas aparentemente opostas na explicação de um dado fenômeno. O fato é que, associando o processo de divisão do trabalho à emergência de classes sociais antagônicas, Marx claramente negligencia seu papel socialmente integrador. Curiosamente, no entanto, ele atribui esse papel ao mercado, o qual não é, senão, um produto direto ou, mesmo, um equivalente do processo de divisão do trabalho.

Em suma, é a partir da constatação de que este tema tem sido pouco explorado pela teoria sociológica e de que esta deve ocupar-se na tentativa de buscar acordos sobre temas e categorias, que pretendemos sugerir que o conceito de divisão do trabalho pode ser considerado como o fio condutor dessa empreitada. E não é só. Indicaremos também que os processos sociais inerentes ao advento da modernidade, mesmo aqueles mais empíricos, como a multiplicação dos círculos sociais a que se refere Simmel, estão de alguma forma articulados em torno desse mesmo elemento. De sorte que, não obstante o que cada autor considera como o traço singular da modernidade – racionalização para Weber, economia monetária para Simmel, equiparação das relações sociais às relações de troca para Marx, a própria divisão social do trabalho para Durkheim, etc. –, o processo de divisão do trabalho aparece como um fenômeno capaz de reunir e incorporar diversas contribuições teóricas. Desde aquelas que se identificam com o pressuposto de que "estruturas objetivas" preexistem às interações individuais, como por exemplo, a de Durkheim, até as que consideram que essas estruturas, embora condicionando de certa forma a ação dos indivíduos, são constituídas efetivamente a partir de determinadas relações estabelecidas entre esses mesmos indivíduos, como por exemplo, a teoria da burocracia de Weber.

Deixando de lado as polêmicas que a todo o momento insistem em surgir quando se trata de estabelecer comparações entre autores como Marx e Durkheim, poderemos recorrer a esses e outros autores para mostrar como as transformações que inauguram a época moderna são, em geral, fenômenos decorrentes do processo de divisão do trabalho.

Em Marx, é possível afirmar, sem grandes dificuldades, que o "motor da história", a luta de classes como afirma no *Manifesto*, é, na verdade, no que tange a sua dimensão estrutural, um fenômeno que decorre do desenvolvimento histórico da divisão do trabalho. Nesse sentido, faz-se necessário destacar o que Marx entende por divisão do trabalho, pois, para ele, este termo pode se referir a duas coisas distintas, embora articuladas. Marx estabelece uma distinção entre *Divisão do Trabalho na Sociedade* e *Divisão do Trabalho na Manufatura*, as quais merecem ser discutidas em separado.

Por divisão do trabalho na sociedade podemos entender a especialização no ramo da produção que se dá entre diferentes corporações, as quais, por sua vez, não apresentam internamente nenhuma divisão funcional significativa. Trata-se, portanto, do mesmo processo que Durkheim denomina de *Divisão Social do Trabalho*. Uma vez que esse processo não supõe necessariamente a separação, no interior de uma mesma corporação, entre proprietários dos meios de produção e o trabalho humano, não é suficiente para explicar o surgimento de classes sociais na sua forma moderna, tal qual se verifica na sociedade capitalista.

Por outro lado, Marx também observa que, além da especialização produtiva no conjunto da sociedade, as corporações podem estar submetidas a uma divisão do trabalho inerente ao próprio processo manufatureiro: a divisão do trabalho na manufatura. Esta sim tem como uma de suas características principais a de separar os instrumentos de trabalho do trabalhador, o que estabelece o caráter singular da propriedade no modo de produção capitalista. Aliás, adiantando as coisas, esse processo de concentração dos meios de produção nas mãos do capitalista é analisado por Weber como um fenômeno que se inscreve também na racionalização da administração pública e que pode ser traduzida em *concentração dos meios de administração*. Trataremos deste assunto no terceiro capítulo.

Efetivamente, essa é a situação específica na qual a sociedade começa a se dividir em classes. Em outros termos, é como produto de uma das fases da divisão do trabalho, a que separa do trabalhador os instrumentos necessários ao trabalho, que a moderna estrutura de classes começa a se constituir. Todavia, essa forma específica de propriedade, isto é, de relações sociais de produção, ainda que se origine da divisão do trabalho na manufatura, deve ser entendida, sobretudo, como resultado da progressiva especialização entre diferentes corporações no curso do desenvolvimento das forças produtivas e do aumento da produtividade. É isso que Marx sugere ao afirmar que "os vários estádios do desenvolvimento da divisão do trabalho representam outras tantas formas diferentes de propriedades."[4] O trabalho na condição apresentada acima seria, nos termos do próprio Marx, equivalente à atividade vital dos indivíduos, definindo dessa forma um conjunto de relações que eles são obrigados a travar. Trata-se especificamente das relações de trabalho do modo de produção capitalista, e não das relações de produção em geral. Desse modo, a compra e a venda de trabalho humano, a alienação do produto do trabalho em relação ao produtor, etc. são relações tornadas necessárias apenas com o surgimento do capitalismo, pois "[...] cada novo estádio na divisão do trabalho determina igualmente as relações entre os indivíduos no que toca à matéria, aos instrumentos e aos produtos do trabalho."[5]

Pode-se argumentar, entretanto, que a história, para Marx, desenvolve-se mais precisamente a partir da superação das contradições entre, de um lado, as forças produtivas e seu desenvolvimento e, de outro, as relações sociais de produção. Se este for o caso, como se desenvolvem as forças produtivas? A resposta a essa pergunta apresenta-se, a nosso ver, de forma tão consensual para a teoria sociológica que seu conteúdo antecede a própria formação da disciplina. Basta ver, por exemplo, o capítulo primeiro de *A riqueza das nações*, de Adam Smith, que exerceu enorme influência sobre Marx e Durkheim, para constatar que tanto o desenvolvimento tecnológico como a elevação da "engenhosidade" se

---

[4] MARX, Karl; ENGELS, Friedrich. *A Ideologia Alemã*. São Paulo: Ed. Hucitec, 1989. p. 29.
[5] Ibidem, p. 29.

aceleram quando, na época moderna, se aprofunda o processo de divisão do trabalho. Além disso, tentando ser fiel ao pensamento de Marx, a superação das relações sociais de produção – mudança do modo de produção – deve ser considerada, no curso da história, como dependente de certas condições objetivas, ou seja, a mudança no caráter dessas relações só pode ocorrer, para Marx, quando as forças produtivas já tiverem alcançado um determinado grau de desenvolvimento. Trata-se, portanto, de considerar que a história, numa abordagem materialista, desenvolve-se, em última análise, a partir do aprofundamento do processo de divisão de trabalho.

Deixando um pouco de lado a história, podemos também identificar como, no próprio Marx, a divisão do trabalho, da mesma forma que em Durkheim, aparece como geradora de coesão social. Se considerarmos que esta é cada vez maior na medida em que relações regulares e necessárias são estabelecidas entre os indivíduos, não encontraremos dificuldades em identificar a relação entre divisão do trabalho e coesão social também em Simmel. Aliás, sobre essa forma de tratar o problema da coesão social é interessante notar que mesmo sem fazer referência direta a Durkheim, vários autores têm reconhecido a fecundidade de seu argumento sobre o papel central da divisão do trabalho. Senão vejamos: "A existência de interesses mútuos ou, melhor ainda, de interdependência, particularmente através da divisão do trabalho, é uma das forças mais poderosas da coesão social."[6]

Por outro lado, no que se refere à relação – mais direta talvez – entre coesão social e continuidade das relações sociais, sabe-se que "[...] para uma cultura comum existir, tem de haver uma interação continuada durante um longo período e isso, por sua vez, implica coesão"[7]. Parece claro, portanto, que a continuidade de uma forma de interação depende de sua institucionalização, ou seja, da possibilidade de contar o indivíduo com alguma previsibilidade ao estabelecer determinado tipo de relação com qualquer outro indivíduo.

---

[6] COHEN, Percy. Estruturas Sociais e Sistemas Sociais. In: _____. *Teoria Social Moderna*. Rio de Janeiro: Zahar Editores, 1970. p. 149.

[7] Ibidem, p.149.

Ora, que condições se apresentam como mais favoráveis ao estabelecimento continuado de tais relações senão as possibilitadas pela expansão da economia monetária? A sugestão é dada por Simmel, para quem, efetivamente, a economia monetária atende a essa exigência, visto que o dinheiro permite que as relações de troca possam se estabelecer entre quaisquer indivíduos, desde que estes estejam na condição de portadores desse elemento.

Seguindo este raciocínio, podemos argumentar que Marx também percebe nas relações de troca a possibilidade de que a divisão social do trabalho possa ser responsável por produzir relações necessárias entre os indivíduos, relações estas que Durkheim viria a associar à solidariedade orgânica. Desse modo, é a divisão do trabalho que, ao "criar" indivíduos diferentes e interdependentes, isto é, indivíduos que são levados a interagir no mercado, assegura a coesão social. As relações de troca tornam-se, por assim dizer, relações sociais fundamentais, pois, como afirma Marx: "Se o indivíduo A tivesse a mesma necessidade do indivíduo B, e se ambos tivessem realizado seu trabalho no mesmo objeto, então nenhuma relação estaria presente entre eles: considerando apenas sua produção, eles não seriam de forma alguma indivíduos diferentes".[8]

Além disso, "... essas diferenças naturais entre indivíduos e entre suas mercadorias [...] constituem o motivo para a integração daqueles indivíduos."[9] Claramente, essa passagem refere-se ao caráter integrador do mercado, em tudo se assemelhando à solidariedade orgânica de Durkheim. Desse modo, segue-se à conclusão: além de ser responsável pelos processos que dão o ritmo da mudança social, a divisão do trabalho se encarrega também de assegurar, ainda que de forma reconhecidamente dinâmica, a manutenção dos vínculos entre os indivíduos, de criar a necessidade de suas relações. Tal constatação também pode ser encontrada em Simmel, pois, ainda que sua principal preocupação tenha sido a de buscar as causas da cisão entre a cultura objetiva e a

---

[8] MARX, Karl. Grundisse. *Foundations of the Critique of Political Economy* (Rogh Draft). Harmondsworth: Penguin, 1973. p. 242.

[9] Ibidem, p. 243.

cultura subjetiva[10], não pôde deixar de reconhecer que na modernidade a divisão do trabalho, ao lado da difusão da economia monetária, além de ser responsável por esta cisão, também estabelece os laços que vinculam os indivíduos entre si:

> A divisão do trabalho pode fazer com que os indivíduos se refiram e se atenham uns aos outros [...] pondo cada indivíduo em relação com os demais [...] evitando assim o perigo de decomposição que sempre ameaça os grupos extensos. [11]

Por outro lado, utilizando-se o conceito de *forma de sociação*[12], que nas análises de Simmel expressa a própria sociedade quando considerada substantivamente, chegamos à mesma conclusão. Quando, na sociedade moderna, a economia monetária adquire proeminência em face de outras formas de sociação, a coesão social percebida a partir da regularidade de determinadas formas sociais pode ser considerada como um elemento que a troca econômica, em plena imbricação com a divisão do trabalho, trata de assegurar. Vê-se, portanto, que essa relação não é, como se poderia supor, algo transitório nas análises simmelianas.

---

[10] A cisão entre cultura objetiva e cultura subjetiva só pode ser entendida se esclarecidos os conceitos de *vivência* e de *cultura*. Este último se refere aos elementos não humanos que são socialmente designados, tanto de forma coletiva como individual, e que mantêm uma relação de constante troca de influências com os indivíduos humanos, ou seja, "aquelas coisas cujo desenvolvimento se liga a nosso impulso e retroativamente estimula o nosso sentimento"(SIMMEL, Georg. A Divisão do Trabalho como causa da diferenciação da cultura objetiva e subjetiva. [1900] In: SOUZA, Jessé; OELZE, Bertthold (Org.). *Simmel e a modernidade*. Brasília: Ed. UNB, 1998. p. 42.). Já a vivência, por sua vez, não é outra coisa senão a troca de influências entre os espíritos individuais e aquela propriedade potencial da sociedade, isto é, o conjunto dos elementos não humanos dotados de um valor cultural ou cultura objetiva. Aplicando esses conceitos ao estudo da cultura moderna, Simmel sustenta que a possibilidade dos espíritos individuais – cultura subjetiva – vivenciarem a totalidade da cultura objetiva é muito reduzida: "Essa discrepância entre cultura tornada objetiva e a subjetiva parece expandir-se permanentemente". (Ibidem, p. 45.)

[11] SIMMEL, Georg. La cantidad en los grupos socials In: SIMMEL, Georg. *Sociología, 1:* estudios sob las formas de socialización. Madrid: Alianza Editorial, 1977. p. 58.

[12] O conceito de forma de sociação, forma social ou simplesmente sociação refere-se à gama de possibilidades de influência recíproca entre os indivíduos. Simmel sustenta que o caráter social da existência humana não se encontra naquilo que em cada indivíduo serve de motivação para a ação ou para a recepção da influência de outro agente, somente podendo ser identificado "quando se produz a ação de uns sobre os outros – imediatamente ou por intermédio de um terceiro [...]" (SIMMEL, Georg. O problema da sociologia. In: MORAES FILHO, Evaristo de (Org.). *Simmel: sociologia*. São Paulo: Ática, 1983. p. 61. [Col. Os grandes cientistas sociais]). Também percebemos que o próprio conceito de sociedade, a unidade social, equivale às formas de sociação, sendo que desta vez consideradas em sua extensão e regularidade. Ocorre, então, que o objeto da sociologia é, para Simmel, a forma de sociação: "Se, pois, deve haver uma ciência cujo objeto seja a sociedade, e nada mais, deve ela unicamente propor-se como fim de sua pesquisa essas interações, estas modalidades e formas de sociação". (Ibidem, p. 61)

Pelo contrário, o caráter regular e institucionalizado da economia monetária, em razão de sua ocorrência na grande maioria dos círculos sociais na modernidade, assegura a previsibilidade e, portanto, a coesão, nas práticas sociais[13]. Quanto a isso, cabe ressaltar ainda que é também em Simmel que a relação entre divisão do trabalho e trocas econômicas adquire sua forma mais acabada. Através do conceito de economia monetária, ele demonstra como as relações de troca são, com efeito, relações que os indivíduos inseridos no curso da divisão do trabalho são levados a travar. Isso significa, entre outras coisas, que o dinheiro se torna um instrumento indispensável ao desenvolvimento da divisão do trabalho, ao mesmo tempo em que esta é quem cria a necessidade de sua circulação:

> O pagamento em dinheiro promove a divisão do trabalho, pois, normalmente, só se paga em dinheiro para um desempenho especializado: o equivalente monetário abstrato sem qualidade corresponde exclusivamente ao produto objetivo singular desligado da personalidade do produtor.[14]

Como já destacamos, outro autor que reconhece a centralidade da divisão do trabalho na configuração dos processos sociais é Norbert Elias. Mesmo sem empreender um estudo exegético de sua obra, inclusive porque isso caminharia no sentido inverso ao da síntese teórica para a qual pretendemos dar alguma contribuição, podemos constatar que,

---

[13] Embora condene a premissa "naturalista" de que o objeto da sociologia encontra-se definido na própria vida social, não exigindo nenhum esforço de abstração por parte do sociólogo, Simmel não abre mão de vincular a pesquisa e a análise sociológicas aos fenômenos concretos, temporal e espacialmente: "Pode-se extrair deles essa legitimação do problema sociológico [as formas de sociação], que requer que essas formas puras de sociação sejam identificadas, ordenadas sistematicamente e estudadas do ponto de vista de seu desenvolvimento histórico" (Ibidem, p. 63). No estudo das sociedades, tal qual estamos acostumados a considerar, Simmel propõe que se utilize a aplicação de dois tipos de formas de sociação. Por um lado, é preciso elaborar formas de sociação que busquem verificar "os fenômenos visíveis que se impõem por sua extensão e por sua importância externa..." (Ibidem, p. 71). E, por outro, faz-se necessário também dispor de instrumentos metodológicos que sejam capazes de dar conta daquelas relações que "em geral, não estão assentadas ainda em organizações fortes, supraindividuais, e sim que nelas a sociedade se manifesta, por assim dizer, em status nascens..." (Ibidem, p. 71). O fato de determinada forma de sociação ocupar em uma dada sociedade o posto de uma estrutura ou organização cuja sobrevivência e reprodução independem, pelo menos no médio prazo, de ser adotada e reforçada pelos membros daquela sociedade é que vai conferir a esta última um caráter específico. E uma determinada sociedade irá se distinguir de outras no espaço e de si mesma no tempo na medida em que as formas de sociação de maior extensão e profundidade vão sendo substituídas por aquelas que outrora eram de caráter residual.

[14] SIMMEL, Op. cit., 1998. p. 27.

a exemplo dos clássicos, ele busca vincular questões como a mudança e a coesão social ao desenvolvimento da divisão das funções. Assim, incorporando o argumento de Durkheim, Elias percebe no fenômeno da divisão do trabalho – associado, é claro, às relações de mercado – o elemento que, por excelência, explica os laços de interdependência responsáveis pela geração de integração social. Claramente, ele afirma:

> Até nas sociedades mais simples de que temos conhecimento existe alguma forma de divisão das funções entre as pessoas. Quanto mais essa divisão avança numa sociedade e maior é o intercâmbio entre as pessoas, mais estreitamente elas são ligadas pelo fato de cada uma só poder sustentar sua vida e sua existência social em conjunto com muitas outras.[15]

Por outro lado, semelhantemente à perspectiva de Marx, Elias também identifica na progressiva divisão do trabalho a principal razão para o surgimento de tensões e contradições sociais que dariam ritmo às mudanças estruturais. Ocorre, na verdade, que o aparecimento de novas posições e funções dentro da sociedade, bem como os conflitos decorrentes do monopólio ou da concentração dos recursos, engendrados por uma nova configuração estrutural, estão ligados ao avanço da divisão do trabalho. Nesta passagem, Elias diz:

> Estas tensões começam a se produzir, para expor a questão em termos muito genéricos, em determinado estágio da divisão das funções, quando algumas pessoas ou grupos conquistam um monopólio hereditário dos bens e dos valores sociais de que outras pessoas dependem, seja para sua subsistência, seja para protegerem ou efetivarem sua vida social.[16]

Efetivamente, não se trata aqui de fazer uma leitura durkheimiana da obra de Elias, por um lado, e nem de interpretá-la a partir de uma visão reducionista do marxismo, por outro; também não se trata de fazer nenhuma leitura específica de nenhum autor, conferindo à sua obra um significado isolado. Assim sendo, não custa repetir, nosso propósito é identificar da forma mais consistente possível como o fenômeno da divisão do trabalho é tratado por alguns autores – cuja autoridade

---

[15] ELIAS, Norbert. *A sociedade dos Indivíduos*. Rio de Janeiro: Jorge Zahar Ed., 1994. p. 44.

[16] Ibidem, p. 42.

em matéria de teoria social ainda não foi superada – quando se tenta explicar questões de enorme relevância para a Sociologia, como é o caso da coesão social e da mudança histórico-estrutural. Nesse sentido, pouco importa como as obras de Elias, Simmel, Durkheim, Marx e Weber vêm sendo classificadas ou, o que é pior, rotuladas, já que insistir nessa polêmica em nada contribui para o avanço das ciências sociais. A nosso ver, o procedimento mais adequado é identificar acordos sobre temas cuja recorrência e centralidade sejam capazes de relativizar a influência que o culto às escolas e às tradições tem tido na teoria sociológica.

Nos capítulos que se seguem, tratamos de forma mais concreta as questões até aqui enunciadas. Para isso propomo-nos a verificar de que forma os clássicos e alguns autores contemporâneos abordaram temas fundamentais da modernidade, tais como os da igualdade e da liberdade, do individualismo, da burocracia e, finalmente, o tema da cidadania. O que, de fato, pretendemos demonstrar é como esses autores, ao tratar destas temáticas, recorrem necessariamente às categorias empírico–teóricas associadas à emergência e consolidação do capitalismo, notadamente àquela que, a nosso ver, emerge como a mais central: a da divisão do trabalho.

No primeiro capítulo, procuramos identificar como as dimensões da igualdade e da liberdade são tratadas por Marx, Durkheim, Simmel, Elias, Tocqueville e Dumont. Igualdade e liberdade, além de constituírem a "chave" dos valores da sociedade moderna, como sugere este último, permeiam objetivamente todas as demais dimensões da modernidade aqui analisadas. Como se verá à frente, mais do que valores, igualdade e liberdade parecem assumir, na sociedade moderna, uma materialidade muito específica cujo inequívoco significado sociológico decorre do fato de estarem associadas, por exemplo, aos processos de constituição da individualidade e da cidadania.

O segundo capítulo aborda o fenômeno do "individualismo moral", enfatizando sua relação com o processo de crescente ampliação e multiplicação dos círculos sociais. Nosso principal argumento é o de que a formação da individualidade só se faz inteligível se identificarmos as relações entre as suas diversas dimensões e os processos sociais mais profundos ligados à modernização. Sustentamos, ainda, que as dimensões constituintes da moderna noção de indivíduo são sempre, em certa medida, derivadas socialmente, e que no centro desse processo encontra-se a divisão do trabalho, geradora de novas formas de solidariedade e coesão social. Relativizamos, portanto, a crítica à divisão do trabalho, freqüente na maior parte das análises, em que o individualismo é tido como sinônimo de ausência de vínculos e de reciprocidade social. Para sustentar nosso argumento, recorremos à interpretação de Georg Simmel sobre o fenômeno do individualismo, buscando amiúde contrapô-la à de Charles Taylor, cujas análises parecem negar a derivação social em algumas dimensões formadoras da individualidade.

O terceiro capítulo analisa as relações entre o processo de divisão do trabalho e o fenômeno da burocratização, tal como entrevisto por Weber, e suas implicações no conjunto das relações que são travadas no Estado moderno. Nosso principal argumento é o de que nas sociedades em que a divisão do trabalho tenha se difundido e aprofundado, as práticas sociais coerentes com a forma burocrática de administração tendem a ser reproduzidas com mais facilidade, levando à consolidação de uma burocracia estável cada vez mais próxima da sua versão ideal-típica.

O quarto capítulo retoma a discussão, iniciada em artigo publicado há algum tempo[17], sobre a questão da cidadania, cujos argumentos foram, na verdade, aprofundados nos demais capítulos deste livro. Embora eminentemente teórico, esse capítulo faz referências ao Brasil, país onde o acesso à cidadania, além de constituir um real anseio de amplas parcelas da população, é tido como o principal foco das políticas sociais do governo. Argumentamos que o acesso à cidadania, notadamente à cidadania civil, embora comumente percebido como fruto de iniciativas no plano político, é, na verdade, um fenômeno estrutural decorrente da expansão das relações de mercado e da intensificação do processo de divisão do trabalho. Para isso, recorremos não apenas a Marx e Durkheim, mas também a Marshall que, claramente, associa a emergência das distintas dimensões da cidadania às distintas fases históricas do desenvolvimento capitalista. Esse capítulo contempla, ainda, algumas considerações sobre os limites e perspectivas de ampliação dos direitos da

---

[17] CUNHA, Flávio Saliba. *Op. Cit.*

cidadania em sociedades do centro e da periferia capitalista em um mundo crescentemente globalizado.

Finalmente, o que julgamos decisivo neste pequeno trabalho é que seus quatro capítulos guardam entre si importantes relações; não só no que tange ao desafio maior de fazer dialogar as perspectivas teóricas clássicas, mas também por fornecerem elementos para uma interpretação sociológica mais ampla e integrada dos fenômenos sociais. Quanto à dimensão prática de nosso argumento, podemos adiantar que aqueles que acreditam na capacidade da agência humana de transformar a realidade social segundo fins previamente traçados podem sentir-se frustrados com uma análise que, pretendendo apenas identificar o pano de fundo estrutural de fenômenos tais como os da igualdade, da liberdade e da cidadania, diverge amplamente das interpretações que têm inspirado ações neste sentido. A estes lembramos, no entanto, que a identificação de determinações estruturais precisas e bem delimitadas constituem uma primeira e indispensável etapa de qualquer análise sociológica que pretenda estabelecer diretrizes para uma ação minimamente eficaz sobre a realidade social.

CAPÍTULO 1
Igualdade e liberdade como realidades objetivas

Dentre as múltiplas dimensões da modernidade, as da igualdade e da liberdade assumem inequívoco significado sociológico, uma vez que se afiguram como fenômenos estreitamente associados a um conjunto de processos sociais, dentre os quais, em destaque, os da emergência da individualidade e da cidadania.

A presente análise, longe de abordar estes fenômenos em termos substantivos – o que seria tarefa própria da filosofia – apenas incorpora as noções correntes de igualdade e liberdade nas abordagens sociológicas clássicas, cotejando-as entre si e com os argumentos desenvolvidos, entre outros autores, por Tocqueville, Norbert Elias e Louis Dumont. Em que pesem as distintas perspectivas assumidas pelos clássicos e independentemente do uso que se faz de seus argumentos, cremos não haver dúvidas quanto a um ponto essencial para a análise sociológica: o de que todos eles[1] vinculam a emergência da igualdade e da liberdade ao surgimento e consolidação do capitalismo, vale dizer, à difusão das relações de mercado, à intensificação do processo de divisão do trabalho e à crescente monetarização das relações de troca.

É isso que pretendemos demonstrar na presente análise, que é parte de uma tarefa mais ampla de identificação de acordos entre os clássicos sobre temas, conceitos e categorias, com o objetivo de

---

[1] Weber é ambíguo em relação à modernidade. Embora admitindo que a racionalidade, enquanto traço fundamental da ordem capitalista, eleva o homem à categoria de sujeito histórico, libertando-o "dos valores impostos pela tradição e teologia que caracterizaram o período pré-moderno", Weber conclui que a crescente racionalização da sociedade terminaria por encerrar os homens em uma "jaula de ferro" que cercearia a autonomia, a liberdade e a criatividade humana. (CAUME, p. 115) Pessimista com relação ao futuro da sociedade crescentemente burocratizada, Weber admite, no entanto, que autonomia e liberdade são fenômenos decorrentes das transformações históricas associadas à modernidade.

contribuir para imprimir ao conhecimento sociológico um caráter mais francamente cumulativo. Nesta tarefa específica tornam-se indiferentes os pressupostos e as conclusões teóricas mais gerais desses autores, uma vez que não se busca conferir a suas obras significados isolados e, sim, identificar acordos sobre temas específicos. No que toca aos fenômenos da igualdade e da liberdade, os clássicos tendem a associá-los a algumas dimensões da vida social que a tradição de divergência em torno de paradigmas tem impedido de serem identificadas e incorporadas à explicação sociológica. É assim, que a teoria tem ignorado o fato de que Marx, da mesma forma que Durkheim, associa a emergência da igualdade e da liberdade às relações de mercado e à intensificação do processo de divisão social do trabalho, ou que Tocqueville e Dumont, tal como os clássicos, referem-se às sociedades capitalistas enquanto sociedades igualitárias, por oposição às sociedades hierárquicas.

É Marx quem mais clara e diretamente se refere à igualdade e à liberdade enquanto traços específicos das relações de mercado. Ao analisar as relações entre os portadores de mercadorias, ou seja, entre os agentes das trocas no mercado, Marx estabelece que tais relações são de absoluta igualdade. Para ele, as diferenças entre suas mercadorias são a razão "para a sua inter-relação social como agentes de troca na qual se estipulam e se provam como iguais", acrescentando que nesta inter-relação "entra, além da qualidade de igualdade, a de liberdade"[2]. Afirmando ser a troca de valores de troca a sua base geradora real, Marx conclui que "igualdade e liberdade pressupõem relações de produção ainda não realizadas no mundo antigo ou durante a Idade Média"[3]. (Marx, 1973: 245)

É possível que o fato de ter sido Marx um ferrenho crítico do capitalismo e de haver enxergado nas relações de produção que este engendra o fenômeno da alienação tenha constituído um empecilho à incorporação, pelo pensamento sociológico, da assertiva de que igualdade e liberdade resultam da difusão das práticas de mercado. Não obstante, Marx é muito claro a este respeito e isso nos permite sugerir

---

[2] MARX, Karl. Grundisse. *Foundations of the Critique of Political Economy* (Rogh Draft). Harmondsworth: Penguin, 1973. p. 243.

[3] Ibidem, p. 245.

que razões de ordem ideológica tenham levado a que se concluísse que liberdade e igualdade inexistem na presença de alienação. Há que se notar, no entanto, que o fato de haver identificado no capitalismo elementos de opressão não impediu que Marx constatasse que, comparado a outros períodos da história, o capitalismo foi um instrumento de liberação social.

Durkheim, por sua vez, refere-se à liberdade enquanto fenômeno decorrente da crescente autonomia assumida pelo indivíduo como aprofundamento do processo de divisão do trabalho social. Ao afirmar que a consciência individual sob a prevalência da solidariedade mecânica é uma "simples dependência do tipo coletivo e segue-lhe todos os movimentos, como o objeto possuído segue aqueles que o seu proprietário lhe imprime", ele argumenta que tudo se passa de modo diferente com a solidariedade produzida pela divisão do trabalho. Nesta, "cada um tem uma esfera de ação que lhe é própria [e] conseqüentemente, uma personalidade"[4]. Admitindo que "mesmo no exercício da nossa profissão conformamo-nos a usos e práticas que são comuns a toda nossa corporação", Durkheim conclui ser muito menos pesado o jugo suportado neste caso do que "quando a sociedade pesa toda ela sobre nós"[5]. Considerando que nas sociedades em que a solidariedade mecânica é muito forte o indivíduo "é literalmente uma coisa de que a sociedade dispõe", Durkheim acrescenta que "aí os direitos pessoais não se distinguem ainda dos direitos reais".[6] Como veremos mais à frente, o desenvolvimento da autonomia individual, vale dizer, da liberdade decorrente da divisão do trabalho, perfila-se como fundamental à constituição dos direitos da cidadania.

Quanto à questão da igualdade, Durkheim parece percebê-la, sobretudo, enquanto decorrente do crescente estabelecimento da igualdade nas condições exteriores da luta.[7] Tal igualdade nas condições exteriores da luta não constitui, segundo ele, apenas um elemento necessário para prender cada indivíduo à sua função, mas, sobretudo,

---

[4] DURKHEIM, Emile. *A divisão do trabalho social*. Lisboa: Editorial Presença. 1984. p. 152. 2 v.

[5] Ibidem, p. 153.

[6] Ibidem, p. 152.

[7] Ibidem, p. 172-173.

para permitir que as funções se liguem umas às outras. A seu ver, este nivelamento torna-se cada vez mais necessário na medida em que "toda desigualdade exterior compromete a solidariedade orgânica"[8]. Esta seria a razão pela qual nas sociedades organizadas torna-se constante a luta pela minimização das desigualdades exteriores e isso ocorre não porque este "empreendimento seja belo", mas porque a própria existência destas sociedades se vê comprometida por estas desigualdades. Para Durkheim,

> da mesma forma que o ideal das sociedades inferiores era o de criar e manter uma vida comum, tão intensa quanto possível, em que o indivíduo viesse a absorver-se, o nosso é por sempre mais equidade nas nossas relações sociais a fim de assegurar o livre desenvolvimento de todas as forças sociais úteis.[9]

A rigor, o que se pode afirmar é que para Durkheim, tal como para Marx, liberdade e igualdade são as duas faces da mesma moeda, uma não existindo sem a outra. Vale notar, finalmente, que, para Durkheim, liberdade é sinônimo de autonomia individual e autonomia só se conquista através da intensificação do processo de divisão do trabalho. Comparando a sociedade que deriva da comunidade das crenças à que tem por base a cooperação, Durkheim conclui que "a primeira só é forte quando o indivíduo não o for", enquanto a segunda, "pelo contrário, desenvolve-se à medida que a personalidade individual se fortalece."[10]

Simmel, que se utiliza indistintamente de categorias marxistas e durkheimianas, estabelece, por sua vez, uma estreita relação entre a ampliação dos grupos sociais, a especialização funcional, a ampliação do mercado e a emergência da individualidade e da liberdade. É assim que ele propõe que "a individualidade do ser e fazer cresce, em geral, na medida em que se amplia o círculo social em torno do indivíduo" e que a ampliação do mercado, a especialização e a individualização possibilitam a liberdade de movimentos e o surgimento de relações comerciais

---

[8] DURKHEIM, Emile. *A divisão do trabalho social.* Lisboa: Editorial Presença. 1984. p. 175. 2 v.

[9] Ibidem, p. 183.

[10] Ibidem, p. 260.

até então irrealizáveis, concluindo que "a liberdade individual e a ampliação do negócio estão em relação mútua".[11]

Referindo-se "ao sentido social geral da liberdade", Simmel argumenta que no feudalismo prevaleciam os círculos reduzidos, ligando indivíduos a indivíduos (que se viam limitados pelos deveres recíprocos): "Por esta razão, não havia espaço dentro do sistema feudal para o entusiasmo nacional ou o espírito público, nem para o desenvolvimento do espírito particular de empresa e das energias privadas".[12]

Ao identificar, no entanto, dois significados de individualidade – o do século XVIII, que supunha que os indivíduos libertos de todas as cadeias históricas e sociais se mostrariam essencialmente iguais, e o individualismo do século XIX, decorrente da divisão do trabalho, cuja tônica seria a diferenciação – Simmel parece distanciar-se de Durkheim, lançando dúvidas sobre a possibilidade de que o processo de divisão do trabalho promova a igualdade. A este respeito é possível indagar, primeiro, se a distinção sugerida por ele no processo histórico de constituição da individualidade é pertinente e, segundo, uma vez que é ele próprio quem afirma que no pequeno grupo primitivo em que prevalecia a igualdade completa, a liberdade era inexistente, a que tipo de igualdade ele se refere? De qualquer forma é o próprio Simmel quem reafirma a inseparabilidade dos fenômenos da igualdade e da liberdade ao notar que, "desde o momento em que o indivíduo descansa realmente sobre si, sobre o último e essencial que nele existe, encontra-se colocado nas mesmas condições que os demais" e que "a liberdade põe de manifesto a igualdade".[13] Quanto à extrema diferenciação produzida pela divisão do trabalho e, conseqüentemente, sobre sua capacidade de promover a coesão social, Simmel admite que "a diferenciação satisfará [à] necessidade de unidade melhor que a igualdade dos seres, na qual cada um pode ocupar o posto de qualquer outro resultando assim no indivíduo supérfluo na realidade e sem verdadeira conexão com o todo."[14]

---

[11] SIMMEL, Georg. La ampliación de los grupos sociales a la formación de la individualidad. In: _____. *Sociología, 1: estudios sob las formas de socialización*. Madrid: Alianza Editorial, 1977a. p. 743-744.

[12] Ibidem, p. 759-760.

[13] Ibidem, p. 789.

[14] Ibidem, p. 790.

Ainda em relação à questão da igualdade, Simmel conclui que "ninguém negará que o estilo de vida moderna, justamente devido a seu caráter de massa, de sua variedade incessante, de seu igualamento de incontáveis qualidades conservadas até agora, tem produzido enormes nivelamentos na forma pessoal de vida".[15]

Uma outra abordagem que, mesmo não constituindo um estudo rigorosamente sociológico, traz contribuições à presente análise é a efetuada por Tocqueville em *A Democracia na América*. Trata-se de obra marcada por rara sensibilidade que, ao discorrer sobre traços específicos das práticas sociais e da cultura associativista norte-americana, nos oferece um exemplo de sociedade na qual teriam se realizado os princípios de igualdade e liberdade tal como descritos pelos clássicos da Sociologia. Embora fundamentando seu argumento num genérico conteúdo democrático da sociedade norte-americana e não em pressupostos de natureza sociológica, essa análise oferece um exemplo empírico das conexões teoricamente enunciadas pelos clássicos entre a emergência dos fenômenos da liberdade e da igualdade e as práticas sociais forjadas pelo capitalismo naquele país.

Afirma Tocqueville que "à medida que estudava a sociedade americana, via cada vez mais, na igualdade de condições, o fato essencial, do qual parecia descender cada fato particular".[16] Referindo-se ao continente europeu, o autor afirma haver nele distinguido algo de semelhante ao que observava na sociedade americana: "a igualdade de condições que sem nele ter chegado, como nos Estados Unidos, aos seus limites extremos, se aproximava cada vez mais desses limites".[17] É a partir desta observação que Tocqueville estabelece comparações entre o que ele chama sociedades aristocráticas, as européias, e as sociedades democráticas, cujo exemplo mais acabado seriam os Estados Unidos. Embora identificando em ambas a presença das forças inexoráveis do igualitarismo, Tocqueville admite que as primeiras enfrentavam obstáculos decorrentes de um passado feudal, enquanto "a grande

---

[15] SIMMEL, Georg. La ampliación de los grupos sociales a la formación de la individualidad. In: ____. *Sociología, 1: estudios sob las formas de socialización*. Madrid: Alianza Editorial, 1977a. p. 793.

[16] TOCQUEVILLE, Aléxis de. *A Democracia na América*. Belo Horizonte: Editora Itatiaia, 1962. p. 11.

[17] Ibidem, p. 11.

vantagem dos americanos é terem chegado à democracia sem ter de suportar revoluções democráticas e terem nascido iguais em vez de se tornarem iguais." Ora, mesmo admitindo que os americanos não tiveram de suportar revoluções democráticas para chegar à democracia, o fato de terem nascido iguais parece ter menos a ver com a democracia política que com a livre difusão das práticas de mercado. Quem nos dá o argumento a este respeito é o próprio Tocqueville ao afirmar que "a igualdade pode estabelecer-se na sociedade civil e não reinar no mundo político"[18], como parece ter acontecido na Europa durante um certo período.

Diferentemente de Marx e Durkheim, que falam de igualdade e liberdade enquanto fenômenos que se manifestam simultaneamente e se reforçam, Tocqueville afirma que a igualdade precede, no tempo, a liberdade. Segundo ele, "foram os reis absolutos os que mais trabalharam para nivelar as diferenças entre seus súditos. Entre tais povos, a igualdade precedeu a liberdade; a igualdade era um fato antigo, quando a liberdade era ainda uma coisa nova"[19]. É óbvio que Tocqueville refere-se aqui à liberdade política, isto é, à democracia, enquanto Marx e Durkheim referem-se especificamente à liberdade que se estabelece no plano societal e que se confunde com os chamados direitos civis.

Diferentemente, também, de Simmel que vê na liberdade que se instaura no século XVIII e que, no XIX, fomentaria um tipo de individualismo contrário à igualdade, Tocqueville vê na liberdade o antídoto para o individualismo fomentado pelo igualitarismo. É assim que ele afirma que "os americanos combateram, por meio da liberdade, o individualismo que a igualdade fazia nascer, e o venceram".[20] Seja como for, o que interessa para o nosso argumento é que os autores até agora analisados parecem concordar com o fato de que igualdade e liberdade são traços específicos da modernidade ocidental e capitalista, que apresentam gradações de intensidade no tempo e no espaço em função dos maiores ou menores obstáculos historicamente enfrentados pelas distintas sociedades no processo de transição para a economia de

---

[18] TOCQUEVILLE, Aléxis de. *A Democracia na América*. Belo Horizonte: Editora Itatiaia, 1962. p. 388.

[19] Ibidem, p. 385.

[20] Ibidem, p. 389.

mercado. É isso que talvez explique porque a igualdade e a liberdade parecem haver encontrado primeiro na sociedade americana seu mais pleno desenvolvimento.

Uma leitura pouco convencional da questão da igualdade e da liberdade que também traz uma contribuição indireta ao nosso argumento é a contida no *Homo Hierarchicus*[21], de Louis Dumont, sobre o sistema de castas na Índia. Dumont, que tem como propósito compreender a ideologia do sistema de castas, critica o "evolucionismo ultrapassado" de seguidores dos clássicos da Sociologia a qual, em sua percepção, toma a ideologia moderna como verdade universal. Segundo Dumont, a Sociologia é parte integrante da sociedade moderna e esta tem como idéias cardinais os valores da igualdade e da liberdade, que "supõem como princípio e representação valorizada a idéia do indivíduo humano[...] Esse indivíduo é sagrado, absoluto; não possui nada acima de suas exigências legítimas; seus direitos só são limitados pelos direitos idênticos de outros indivíduos".[22]

Ainda que se considere louvável o fato de Dumont propugnar por uma sociologia comparativa que reconheça, por exemplo, "os limites e as condições de realização do igualitarismo moral e político" em sociedades hierárquicas, prescrevendo uma sociologia que busque "apreender intelectualmente outros valores", o autor parece se equivocar ao supor que os elementos de igualitarismo e liberdade, veiculados por esta disciplina, nada mais são que valores ideais sem respaldo na realidade objetiva. É nisto que ele parece crer ao afirmar que a verdadeira função da sociologia é "preencher a lacuna que a mentalidade individualista introduz quando confunde o ideal e o real".[23] Na verdade, é a sua preocupação com a influência dos valores da modernidade, notadamente com o individualismo, que teria propiciado a rejeição à hierarquia no pensamento sociológico, que o leva a acusar este último de haver incorporado de forma acrítica os valores da igualdade e da liberdade. No entanto, o fato da Sociologia incorporar os temas da igualdade e da liberdade ao seu repertório parece-nos, ao contrário do que supõe

---

[21] DUMONT, Louis. *Homus Hierarchicus:* O sistema de castas e suas implicações. São Paulo: EDUSP, [s.d.].

[22] Ibidem, p. 52-53.

[23] Ibidem, p. 53.

Dumont, um ponto positivo na medida em que isso, mais que mera veiculação de valores, parece refletir dimensões objetivas da realidade que ela se propõe a estudar. Neste caso, o máximo que se poderia afirmar é que a Sociologia, da mesma forma que o seu objeto historicamente privilegiado de estudo, é parte integrante da modernidade ocidental.

Ora, o que se pretende enfatizar no presente trabalho é quão pouco cumulativo tem se mostrado o pensamento sociológico por não incorporar adequadamente as assertivas dos clássicos e de alguns pensadores contemporâneos sobre a natureza estrutural de processos tão característicos da modernidade quanto os da emergência da individualidade, do igualitarismo e da liberdade. Ironicamente, é o próprio Dumont que, ao criticar o viés ideológico da Sociologia por incorporar os valores da modernidade, termina por fornecer argumentos no sentido contrário. Na verdade, ele reconhece que, para além do plano estritamente valorativo, o igualitarismo é uma realidade objetiva associada ao processo de divisão do trabalho. Segundo ele, "é a racionalização de cada compartimento de atividade em si que caracteriza o desenvolvimento moderno da divisão do trabalho", acrescentando que Bouglé, em sua tese sobre *Les Idées Egualitaires*, "observa o paradoxo da heterogeneidade social que faz surgir o individualismo igualitário (segundo ele mesmo, Faguet e Simmel, 'em virtude de um indivíduo ser algo particular, ele se torna igual a não importa qual outro')".

E mais:

> esta tendência individualista que se vê impor, generalizar-se e se vulgarizar do século XVIII ao Romantismo e além, acompanha de fato o desenvolvimento moderno da divisão do trabalho, daquilo que Durkheim chamou de solidariedade orgânica. O ideal de autonomia de cada um se impõe a homens que dependem uns dos outros no plano material bem mais do que todos os seus antepassados.[24]

Em *A sociedade dos indivíduos*[25], Norbert Elias (1897-1990) busca, entre outros objetivos, superar uma dicotomia que marcou o próprio

---

[24] DUMONT, Louis. *Homus Hierarchicus:* O sistema de castas e suas implicações. São Paulo: EDUSP, [s. d.]. p. 59.

[25] ELIAS, Norbert. *A sociedade dos indivíduos*. Rio de Janeiro: Jorge Zahar Ed., 1994.

surgimento da Sociologia: a oposição entre sociedade e indivíduo. Através da noção de rede de relações interdependentes, na qual os indivíduos, em qualquer sociedade, sempre vão estar inseridos, ele tenta dar um passo à frente em relação às concepções dicotômicas que caracterizaram o nascimento da sociologia, mostrando que uma pessoa só é indivíduo na sociedade e que a sociedade só existe pelas múltiplas relações que esses indivíduos estabelecem. Essas relações, segundo Elias, deixam pouca margem às escolhas individuais, pois cada um desses indivíduos está preso a uma "rede de funções interdependentes"[26]. Sendo assim, as diferenças entre as diversas sociedades de uma mesma época e as mudanças na estrutura de uma mesma sociedade ao longo da história dependem dessa rede de funções interdependentes, e sua configuração se altera à medida que avança a divisão do trabalho. Em meio a isso, encontra-se o desenvolvimento da própria individualidade, que segundo Elias é uma forma específica de autocontrole em relação aos outros e aos objetos: "uma qualidade estrutural de sua auto-regulação em relação às outras pessoas e às coisas".[27]

Philippe Corcuff[28], todavia, embora Norbert Elias buscasse superar a visão dicotômica entre indivíduo e sociedade, e o fizesse com relativo sucesso, não foi capaz de conceder ao indivíduo ou a outros atores sociais uma autonomia maior do que aquela que as abordagens holísticas haviam concedido. Elias, nesse sentido, não vê potencial reflexivo na modernidade e nem sujeito no processo civilizatório. De fato, a categoria utilizada para superar essa famosa dicotomia não é a de interação, como talvez tivesse feito Simmel, mas sim a de interdependência, que prioriza claramente os aspectos estruturais da realidade social, ou seja, aquilo que baliza as ações e relações sociais em lugar da "fluidez de certas situações da vida cotidiana, que, segundo o que é mostrado pelas sociologias interacionistas, podem contribuir a fazer, a desfazer e a deslocar as interdependências já constituídas."[29]

---

[26] ELIAS, Norbert. *A sociedade dos indivíduos*. Rio de Janeiro: Jorge Zahar Ed., 1994. p. 22.

[27] Ibidem, p. 54.

[28] CORCUFF, Philippe. *As Novas Sociologias*. São Paulo: Edusp, 2001. p. 44-45.

[29] Ibidem, p. 45.

O desenvolvimento da individualidade, na interpretação de Elias, corresponde ao aprimoramento das funções psíquicas de autocontrole em relação aos sujeitos (mundo social) e aos objetos (mundo objetivo), isto é, a substituição do controle externo (da natureza ou da sociedade) pelo controle interno (economia emocional). Esse desenvolvimento não é fruto de atos de vontade dos atores sociais, indivíduos ou grupos, mas está ligado a certas modificações na estrutura social, em que o processo de divisão social do trabalho parece desempenhar um papel fundamental. A sociedade que se forma a partir da diferenciação decorrente dessa divisão do trabalho permite um leque muito mais amplo de alternativas para as decisões individuais: "em seu interior, constantemente se abre um espaço para as decisões individuais".[30] Esta possibilidade, ao que tudo indica, equivale às noções de liberdade e autonomia individual presentes em boa parte da literatura política e nas obras de autores como Simmel, Marx e Durkheim que, ao se somar à idéia de igualdade, forma o pilar ideológico da modernidade. Assim, se por um lado Elias não confere aos atores sociais a capacidade de manipular, segundo suas vontades, a estrutura social, ele reconhece, por outro, que um tipo específico de estrutura social permite aos indivíduos uma maior flexibilidade em suas ações.

A tese de que o processo civilizatório não traz em seu bojo um elemento reflexivo significa que na modernidade não se verifica nenhuma ruptura quanto às possibilidades dos atores sociais intervirem de forma efetiva nas transformações a que estão submetidas as estruturas sociais, isto é, nos processos sociais. Desse modo, da sociedade guerreira, passando pela sociedade cortesã até chegar à civilização, nenhum indivíduo, classe social ou estado nacional assumiu a condição de sujeito no processo civilizatório. A esse respeito, estamos de acordo com Jessé Souza[31], para quem Norbert Elias explica o processo civilizatório a partir de aspectos macrossociais como os do avanço da divisão social do trabalho, do processo de centralização política e burocratização e da difusão da economia monetária. Esse diagnóstico da modernidade, que se completa com o refinamento dos hábitos e costumes individuais e a difusão do autocontrole psíquico entre todas as camadas sociais, promove de certo modo

---

[30] ELIAS. *Op. Cit.*, 1994. p. 48.

[31] SOUZA, Jessé. *A modernização seletiva: uma reinterpretação do dilema brasileiro*. Brasília: Editora UNB, 2000.

um processo de democratização. À medida que as classes superiores incentivam as classes inferiores a adotarem sua "economia emocional" e que o trabalho deixa de ser uma atividade vil para se tornar um elemento gerador de dignidade e reconhecimento social, ocorre, segundo Elias, a grande ruptura da época moderna em relação aos períodos anteriores: o surgimento de uma moral única e válida para todos. Essa moral, que está baseada em instituições fundamentais como o mercado capitalista e o estado nacional burocratizado, em princípio, precede a democracia política pois, na verdade, está fundada em princípios universais que são anteriores aos mecanismos de representação. Isso implica que o caráter democratizante do Estado não decorreria necessariamente de sua legitimidade, mas sim da impessoalidade que caracteriza seus procedimentos regulatórios, o que supõe a prévia democratização da sociedade civil.

Para Jessé Souza, por exemplo, dessa ruptura e de sua conseqüente democratização da dignidade social ligada à elevação valorativa do trabalho resultam a própria noção moderna de cidadania. Todos os indivíduos podem ser iguais, uma vez que as atividades produtivas por eles realizadas constituem o fundamento do seu reconhecimento social.

Como já destacamos no segundo parágrafo deste capítulo, não tivemos a pretensão de realizar uma análise da liberdade e da igualdade a partir de seus conteúdos substantivos, inclusive porque isso distanciar-se-ia perigosamente da alçada de uma abordagem rigorosamente sociológica. Como o nosso desafio é o de dar uma contribuição que possa, inclusive, sugerir modestamente a redefinição das questões merecedoras do olhar sociológico, só nos é possível considerar valores como igualdade e liberdade a partir da eficácia social que as bases institucionais objetivas lhes proporcionam. Esse desafio sugere a necessidade de releitura dos clássicos como forma de identificar os processos e instituições responsáveis pelo caráter singular da modernidade, ou melhor, da "primeira modernidade". Isso porque a configuração institucional do que vem sendo identificado como "alta modernidade"[32] parece efetivamente mais complexa e diversificada, embora estejamos convencidos de que os processos sociais que presidem uma suposta radicalização da modernidade sejam da mesma natureza.

---

[32] GIDDENS, Anthony. *As conseqüências da modernidade*. São Paulo: Ed. UNESP, 1991.

CAPÍTULO 2
Divisão do Trabalho e Individualismo Moral

A análise que aqui será empreendida, ainda que se atenha às considerações teóricas a respeito do individualismo moral, procurará, para além disso, identificar nas abordagens de Georg Simmel e Émile Durkheim[1], elementos comuns que viabilizem a elaboração de construções teóricas em que o domínio do "pluralismo paradigmático" possa ser matizado pelo diálogo verificado entre autores cujas abordagens são com freqüência consideradas irreconciliáveis. Portanto, se os clássicos ainda servem para explicar questões contemporâneas, mesmo quando tratados isoladamente, cabe, agora, investigar o que eles teriam a dizer sobre essas questões se, mesmo em situações específicas, pudessem dialogar.

De início, iremos enfatizar que a moderna noção de indivíduo é uma categoria moral construída socialmente. Para isso, cumpre analisá-la de forma um pouco mais detalhada, considerando as diversas dimensões que a constituem. Se, por um lado, o individualismo está ligado ao avanço de determinados processos sociais de caráter nitidamente estrutural, ele não deixa, por outro lado, de estar relacionado com a emergência de uma ordem moral específica, com um conjunto de valores próprios da modernidade ocidental. Assim, uma interpretação mais acurada do que seja o fenômeno do individualismo não admite discursos unilaterais que, normalmente, privilegiam uma de suas dimensões, negligenciando as demais. Aqui, o que pretendemos é identificar as principais dimensões do indivíduo moderno, recorrendo, sobretudo, à análise de Georg Simmel na qual esse fenômeno aparece associado à

---

[1] Ambos os autores viveram exatamente no mesmo período, entre 1858 e 1920, respectivamente, na França e na Alemanha, mas sem manter entre si contato intelectual direto.

multiplicação e ampliação dos círculos sociais (*Kulturkreislehre*)[2] e ao advento, à generalização e à institucionalização da economia monetária. É também em Simmel que o fenômeno do individualismo aparece desdobrado em duas dimensões fundamentais, quais sejam, a que se baseia na exaltação dos valores de igualdade e liberdade, que marcou historicamente o individualismo do século XVIII, e a que procurava enfatizar, ao contrário da primeira, a diferença, ou seja, os elementos não generalizáveis de cada indivíduo, dimensão esta que, segundo Simmel, teria caracterizado o individualismo do século XIX. Esses dois individualismos teriam em comum o fato de serem elaborados socialmente. Isto é, decorrem de processos sociais mais profundos que os antecedem histórica e logicamente. Neste particular, a interpretação simmeliana parece-nos plenamente atual, sobretudo por se mostrar superior a muitas outras análises contemporâneas, em que dimensões importantes do individualismo não são relacionadas com processos sociais mais profundos como a diferenciação social e a divisão do trabalho. Falamos, por exemplo, de Charles Taylor e de sua análise sobre a formação da moderna noção de indivíduo. Nesta, a individualidade também é constituída por duas dimensões: a da dignidade, baseada nos elementos que a modernidade ocidental tratou de universalizar, e a da autenticidade, fundada naqueles elementos particulares de cada indivíduo e que por definição não podem ser universalizados. Essa segunda dimensão, ao que tudo indica, parece equivaler ao individualismo do século XIX de Simmel. No entanto, essa semelhança se vê enfraquecida no momento em que Taylor não reconhece que a autenticidade – mesmo que não seja formada a partir de elementos generalizáveis – é, também, uma construção social. Fazer, pois, uma leitura crítica da análise tayloriana sobre a *autenticidade* constitui um dos objetivos centrais deste capítulo.

Antes, porém, é preciso esclarecer que não pretendemos apresentar aqui um histórico das análises empreendidas sobre o fenômeno

---

[2] O termo em alemão referente ao conceito de círculos sociais é *Kulturkreislehre* – Como descrevem RAMMSTEDDT & DAHME (1998: 214): "Naquela época, muitos só conseguiam diferenciar os conceitos de cultura e sociedade por meio da metáfora do círculo, no sentido de uma atmosfera ou de um âmbito de atividade intersubjetiva específica. Desenvolveram-se, conseqüentemente, uma doutrina de 'círculos sociais' (*Kulturkreislehre*) e modelos de 'círculos sociais', como, por exemplo, o 'círculo da família', o 'círculo do clube', o 'círculo de amizades', etc."

do individualismo. Desejamos, na verdade, discutir uma questão específica relacionada a esse fenômeno; para isso as interpretações de Émile Durkheim, Georg Simmel e Charles Taylor parecem mesmo serem suficientes. De Durkheim, consideramos ser fundamental a relação entre divisão do trabalho e individualismo, em que este último fenômeno também é situado no bojo da emergência de uma moralidade específica. A contribuição de Simmel, por sua vez, além de servir para enfatizar a relação entre divisão do trabalho, multiplicação dos círculos sociais e individualismo, será usada principalmente para ressaltar o fato de que a formação da moderna noção de indivíduo depende, pelo menos em certa medida, mas em todas as suas dimensões, de ser socialmente construída. Quanto a Charles Taylor, procuraremos fazer uma leitura crítica de sua análise sobre a formação do indivíduo, sobretudo no que tange a dimensão da busca pela autenticidade. Nesse ponto específico, tentaremos comparar sua interpretação com a de Simmel, de modo a mostrar que o clássico continha avanços que desapareceram no contemporâneo. Ora, se um clássico cujas obras foram escritas nos últimos anos do século XIX e nas primeiras décadas do século XX é, em relação a algum tema, mais avançado que um autor contemporâneo com ampla audiência, fica evidente que a produção de conhecimento sobre os fenômenos sociais não tem sido feita de forma cumulativa.

INDIVIDUALISMO E COESÃO SOCIAL

O termo individualismo é tido freqüentemente como uma antinomia da idéia de solidariedade e coesão social, enquanto as condições necessárias à emergência desse fenômeno são consideradas como desagregadoras da vida e da moralidade coletivas. No entanto, esse tipo de análise, ao não diferenciar o *individualismo moral* do *amoral*, mostra-se, no mínimo, impreciso. Como destaca Souza[3] (2000: 112), "individualismo é nesse sentido, tanto no contexto das lutas por dignidade como nos por autenticidade, um princípio moral, devendo ser distinguido do

---
[3] SOUZA. *Op. Cit.*, 2000. p. 112.

individualismo anômico – um fenômeno social dos países do terceiro mundo". Em síntese, a liberação dos indivíduos de determinadas relações sociais tende a aparecer como ausência de qualquer laço social que possa vinculá-los, como se eles passassem a existir "fora" da sociedade, onde participar ou não da vida social fosse uma questão de escolha desses indivíduos. Estes, ao invés de serem considerados necessariamente seres sociais, surgem, em muitas análises, como anteriores a qualquer processo de socialização, dotados de uma racionalidade capaz de criar a própria vida em sociedade.

Não se percebe, portanto, que o individualismo é, também, um estatuto socialmente construído e que sua generalização está associada ao avanço de determinados processos sociais, cujo efeito principal é, a rigor, o de alterar a substância e a forma das relações e dos vínculos sociais e não o de extingui-los.

Individualismo e ausência de vínculos sociais não são necessariamente sinônimos. O primeiro, quando situado em uma ordem moral como aquela produzida pela divisão das funções e pela filiação dos indivíduos ao mercado de trabalho, é plenamente compatível com a idéia de coesão social. A análise de Durkheim parece, nesse caso, ser bastante esclarecedora: "a sociedade é que consagrou o indivíduo e o transformou no elemento que deve ser respeitado acima de tudo. A emancipação progressiva do indivíduo, assim, não implica um enfraquecimento, mas uma transformação do vínculo social."[4]

A interdependência que a divisão do trabalho estabelece entre os indivíduos, os vínculos sociais de natureza material, a multiplicação dos grupos e das corporações profissionais, derivadas também da divisão do trabalho, devem estar acompanhadas do surgimento de vínculos contratuais mais gerais; dessas duas condições depende a noção moderna de solidariedade social. Esses vínculos são estabelecidos a partir de um conjunto de valores que se impõem aos atores sociais de forma objetiva, ou seja, são os elementos não contratuais que antecedem a criação de contratos.

---

[4] DURKHEIM apud GIDDENS, Anthony. Durkheim e a questão do individualismo. In: _____. *Política, sociologia e teoria social: encontros com o pensamento social clássico e contemporâneo*. São Paulo: Unesp, 1998. p. 151.

Como verificou Giddens[5], há nos escritos de Durkheim sobre a divisão do trabalho uma questão que não foi inteiramente esclarecida. Na verdade, faltariam em seus argumentos elementos que pudessem esclarecer melhor a relação entre as transformações na base econômica (como diria Marx), identificadas no aumento da divisão do trabalho, e as mudanças sofridas pela moralidade coletiva. Esse impasse implica, por conseguinte, a existência de problemas igualmente não solucionados sobre o tema do individualismo moral.

A questão parece se colocar da seguinte forma: sendo o processo de diferenciação social, decorrente da divisão do trabalho, um dos elementos responsáveis pelo processo de individualização, como relacioná-lo com uma ordem moral específica e garantidora também da solidariedade social? O que se pode afirmar com uma certa segurança é que a ausência dessa ordem moral em condições econômicas tipicamente modernas é definida por Durkheim como um estado de anomia. O desenvolvimento da indústria e das relações de mercado desacopladas de sanções morais que possam regulá-las em toda sua extensão (instituições) implica o enfraquecimento dos vínculos e a previsibilidade no conjunto das relações sociais. Porém, a própria racionalização inerente ao moderno processo de divisão do trabalho vai paulatinamente normatizar e definir direitos e deveres de cada nova função, assegurando assim a solidariedade. Nesse caso, o estado de anomia, em que as novas funções encontram-se desregulamentadas, seria apenas provisório.

O INDIVIDUALISMO COMO UMA CATEGORIA MORAL ESPECÍFICA DA MODERNIDADE

O individualismo moral é uma das instituições sociais mais características da modernidade. Valores como liberdade e igualdade, ao se tornarem direitos inalienáveis dos indivíduos, fazem destes últimos o alfa e o ômega da cultura moderna[6]. No entanto, longe mesmo de

---

[5] DURKHEIM apud GIDDENS, Anthony. Durkheim e a questão do individualismo. In: _____. *Política, sociologia e teoria social: encontros com o pensamento social clássico e contemporâneo*. São Paulo: Unesp, 1998. p. 167.

[6] SOUZA. *Op. Cit.*, 2000.

serem direitos naturais como postulavam Hobbes, Locke e outros jusnaturalistas, liberdade e igualdade apenas se colocam no horizonte dos indivíduos humanos a partir do momento que estes passam a estar inseridos em relações sociais específicas. Assim, a individualidade, ao invés de estar relacionada apenas com a ação voluntária dos próprios atores sociais, explica-se muito mais pelo avanço de determinados processos sociais cuja presença em situações concretas se fez notar exemplarmente nas sociedades capitalistas e ocidentais.

De fato, todas as sociedades são, em última análise, formadas por indivíduos humanos e estes, por sua vez, são sempre os portadores últimos da realidade social[7]; devemos considerar, no entanto, que esta afirmação só pode ser generalizada se estivermos falando do indivíduo como categoria empírica e não como um elemento moralmente significativo. Desta forma, nem todas as sociedades elevam essa categoria empírica ao estatuto de uma categoria moral capaz de se sobrepor aos valores e à moralidade coletiva, como historicamente ocorreu no ocidente em relação ao indivíduo. Com efeito, seria a partir de propriedades qualitativas e quantitativas de determinadas relações sociais, como afirma Simmel, que a personalidade dos indivíduos encontra espaço para seguir uma trajetória particular. Em outros termos: o cultivo dos aspectos mais íntimos da personalidade individual somente seria possível com a ampliação numérica das relações entre os indivíduos e com a alteração na forma como eles se inserem nestas relações.

Em suma, a afirmação e o desenvolvimento da individualidade explicam-se, antes de qualquer coisa, pelo efeito de determinados processos sociais no caráter, ou seja, na substância e na quantidade das relações que os indivíduos estabelecem entre si. É esse o argumento de Simmel quando vincula a formação da individualidade à ampliação e à multiplicação dos círculos sociais, processo este que também é suficiente para alterar a forma como os indivíduos constituem esses círculos e como são por eles constituídos. No centro desse processo, afirma Simmel, está a generalização da troca econômica monetarizada. Isso ocorre porque o dinheiro permite que os indivíduos participem de um número cada vez maior de círculos sociais, sem que para isso tenham que envolver

---

[7] Cf. ELIAS, Norbert. *Op. Cit.*, 1994.

aspectos de sua personalidade que ultrapassem os limites de suas escolhas: "Foi o dinheiro que nos ensinou como reunir sem nada perder de específico e próprio da personalidade".[8]

Isso não significa que o dinheiro promova o individualismo somente pelo fato de tornar possível o cultivo isolado dos aspectos mais íntimos da personalidade. Embora isso seja importante, o fundamental é que o advento, a generalização e a institucionalização da economia monetária criam formas específicas de interação entre os indivíduos, em que a relação principal é entre coisas, entre objetos autônomos (reificados),[9] ficando para um segundo plano o interesse pela individualidade do outro. Claramente Simmel diz:

> Precisamente uma tal relação tem de gerar um forte individualismo, pois não é isolamento em si que aliena e distancia os homens, reduzindo-os a si próprios. Pelo contrário, é uma forma específica de se relacionar com eles, de tal modo que implica anonimidade e desinteresse pela individualidade do outro, que provoca o individualismo.[10]

Argumento semelhante ao de Simmel sobre o individualismo pode ser encontrado no raciocínio de Durkheim. Para esse autor, a formação da individualidade é um produto da intensificação da divisão social do trabalho, visto que esta aumenta a diferença entre os indivíduos na medida em que reserva para eles "funções" cada vez mais distintas: "Ora, o que faz a nossa personalidade é aquilo que cada um de nós tem de próprio e de característico, o que nos distingue dos outros".[11]

Segundo Durkheim, só se pode atribuir um caráter moral à divisão do trabalho porque ela cumpre o papel de gerar coesão social, desta vez fundada não mais numa consciência coletiva que anula as diferenças

---

[8] SIMMEL, Georg. O dinheiro na cultura moderna (1890) In: SOUZA, Jessé; OELZE, Bertthold (Org). *Simmel e a modernidade*. Brasília: Ed UNB, 1998. p. 26.

[9] Esta passagem faz alusão ao que Marx denomina fetichismo da mercadoria no livro I de *O Capital*. Segundo ele, "os trabalhos privados atuam como partes componentes do conjunto do trabalho social apenas através das relações que a troca estabelece entre os produtos do trabalho e, por meio desta, entre os produtores. Por isso, para os últimos, as relações sociais entre seus trabalhos privados aparecem de acordo com o que realmente são, como relações materiais entre pessoas e relações sociais entre coisas, e não como relações sociais diretas entre indivíduos em seus trabalhos". (1998: 95)

[10] SIMMEL. *Op. Cit.*, 1998. p. 24.

[11] DURKHEIM, Emile. *Op. Cit.*, 1984. p. 151.

individuais e o próprio indivíduo enquanto categoria moral (solidariedade mecânica), mas sim na interdependência que passa a existir entre as funções divididas e diferenciadas (solidariedade orgânica).

Na medida em que a divisão do trabalho promove a diferenciação entre as funções, também se diferenciam os que destas se ocupam, isto é, os indivíduos. Em relação a esse fenômeno, que a princípio parece poder ser reduzido a um processo da base material, não tendo nada a ver com modificações na ordem moral, também se vincula uma série de modificações que vão caracterizar a cultura moderna. A exaltação das consciências individuais passa a ser uma regra moral da consciência coletiva, e a realização de escolhas entre uma gama de possíveis trajetórias individuais, uma obrigação dos indivíduos autônomos.

DIGNIDADE E AUTENTICIDADE NO PROCESSO DE INDIVIDUAÇÃO

A formação da individualidade envolve diferentes dimensões da vida social. Numa que poderíamos chamar de "estrutural", ocupam um lugar de destaque os processos de diferenciação social decorrentes do aprofundamento da divisão social do trabalho. Esses processos, profundamente imbricados com a emergência da economia monetária, estabelecem uma relação de igualdade entre os portadores desse objeto autônomo que é o dinheiro. A isso se relaciona o fato de que o mercado de trabalho, constituído por funções cada vez mais diferenciadas, é responsável por incorporar a primeira classe dominante da história que trabalha: a burguesia.[12] Desse modo, filiar-se ao mercado de trabalho coloca-se como regra universal na busca por aquilo que Charles Taylor chamou de *dignidade*: na ausência da honra pré-moderna proporcionada pela dissolução dos contextos tradicionais, ter uma profissão se apresenta como a forma institucionalizada e reconhecida socialmente de construir identidades e projetos individuais. Temos, então, uma situação inversa à das sociedades estamentais, em que a procura pela

---

[12] A afirmação da vida cotidiana, ou seja, a elevação moral do trabalho, tem, segundo Charles Taylor, sua melhor expressão na filosofia de Locke, em que a propriedade da terra somente é justa na medida em que seu dono nela trabalha. O trabalho passa a ser a fonte da propriedade e nesse legado estão incluídos Adam Smith, David Ricardo e Marx; se uma classe é dominante por possuir mais propriedade, tal condição tem que se justificar pelo seu trabalho.

honra significava isentar-se do trabalho, como fizera historicamente a nobreza feudal. Enquanto a dignidade se baseia na afirmação da igualdade e do universalismo de procedimentos, a honra, ao contrário, busca enfatizar a hierarquia social e o tratamento diferenciado. O trabalho aparece, portanto, como uma categoria central da modernidade, visto que é em torno dele que se constitui essa dimensão fundamental da formação do indivíduo moral, isto é, a busca pela dignidade. Essa articulação de valores em torno das atividades cotidianas é a base de uma ordem social fundada no trabalho:

> A perspectiva "burguesa" sublinhava os bens de produção, uma vida organizada e paz – em síntese, acentuava as atividades da vida cotidiana – a outra sublinhava as virtudes da vida do cidadão, a busca da fama e renome e atribuía um lugar central às virtudes guerreiras.[13]

De forma muito semelhante a Charles Taylor, também argumenta Simmel sobre as dimensões do individualismo ou, se se preferir, sobre os "tipos" de individualismo. Segundo Simmel, existiu no século XVIII um processo de afirmação dos ideais de liberdade e, sobretudo, de igualdade, e estes foram a base dos direitos individuais, dotados de um potencial universalizável. Nesse sentido, o substrato da individualidade era o *ser livre*, e tornar universal essa liberdade era o fundamento do igualitarismo, como assinala Simmel:

> O século XVIII, em geral, postulava que a individualidade tomasse a forma da liberdade e que as forças pessoais fossem livres da tutela de todo gênero. Partia do pressuposto de que os indivíduos, libertados de todas as amarras históricas e sociais, se mostrariam essencialmente iguais.[14]

A esse respeito cabem ainda algumas considerações. Em primeiro lugar, é importante destacar que a liberdade individual é analisada por Simmel como um fenômeno social moderno que decorre da ampliação

---

[13] TAYLOR, Charles. A cultura da modernidade In: _____. *As fontes do self: a construção da identidade moderna*. São Paulo: Edições Loyola, 1997. p. 370.

[14] SIMMEL. *Op. Cit.*, 1977b. p. 770. Tradução nossa. ("El siglo XVIII, em general, aspiraba a que la individualidad tomase la forma de la liberdad; a que las fuerzas personales vieram libres de tutelas de todo género. Aceptase como supuesto que los individuos, libertados de todas las cadenas históricas y sociales, se mostrarían esencialmente iguales.")

e da multiplicação dos círculos sociais. Em segundo, enfatizar que essa ampliação e essa multiplicação estão ligadas ao advento, à generalização e à institucionalização da economia monetária: "A liberdade individual e a ampliação do comércio estão em relação mútua".[15] Isso posto, podemos estabelecer algumas conclusões. Primeiro: se a liberdade, como um valor, corresponde em certa medida a um fenômeno objetivo, gerado pelos processos que acabamos de descrever, e se o igualitarismo representa, sobretudo, a universalização dessa liberdade, podemos afirmar que a individualidade, pelo menos no que se refere à dimensão da busca pela dignidade, além de estar relacionada com a filiação ao mercado de trabalho, também busca se constituir através das relações de troca monetarizadas. Ou melhor, a busca pela dignidade não se esgota na filiação ao mercado de trabalho, mas pressupõe também a institucionalização de determinadas relações sociais, quais sejam, das relações impessoais de mercado. Segundo: sendo a economia monetária quase um equivalente da divisão do trabalho, como sustenta Simmel, liberdade, igualdade e dignidade explicam-se, em último caso, pelo avanço da especialização das funções, confirmando sua centralidade na vida social.

Além de se basear nos valores universais de liberdade e igualdade, produzidos e reproduzidos através de formas sociais específicas como a economia monetária e definidos por Taylor como a *busca pela dignidade,* a formação da individualidade requer também uma outra dimensão: uma vez assegurada a dignidade, cabe aos indivíduos aprimorar aquilo que neles é tido como particular, como próprio e único de cada indivíduo. Trata-se de uma segunda dimensão do individualismo sem a qual este não se completa, a saber, a busca pela autenticidade: "Estas são as bases, respectivamente, de duas fontes importantes do individualismo moderno nascente, o da independência auto-responsável, de um lado, e o da particularidade reconhecida do outro".[16]

Autenticidade, ao contrário da dignidade universalizável, significa, por definição, acentuar o que não pode ser estendido a todos. Deve

---

[15] SIMMEL. *Op. Cit.*, 1977b. p. 744. Tradução nossa. ("La liberdad individual y la ampliacion del negocio están en relacion mutua.")

[16] TAYLOR, Charles. A natureza interior In: _____. *As fontes do self: a construção da identidade moderna.* São Paulo: Edições Loyola, 1997b. p. 241.

ser elaborada internamente a partir de escolhas que os indivíduos fazem numa gama de possibilidades de trajetórias e biografias, como forma de aprimorar sua subjetividade. Taylor sustenta ainda que a busca pela autenticidade só pode ser considerada como tal se isenta de qualquer determinação social. Embora só possa ser viabilizada a partir da universalização da liberdade e da autonomia individual, a autenticidade seria formada com o material próprio dos indivíduos, parecendo mesmo situar-se "fora" da sociedade e de seus condicionamentos: "Autenticidade, por definição, não pode ser derivada socialmente, mas precisa ser gerada e construída internamente".[17] Aqui, entretanto, buscaremos, entre outras coisas, mostrar que a "escolha" por biografias únicas somente é possível quando a sociedade coloca à disposição dos indivíduos o material para a sua construção. E, ao contrário do que parece sugerir Taylor, argumentamos que a busca pela distinção também é socialmente construída. Para isso, utilizamos a argumentação desenvolvida por Simmel sobre o fenômeno do individualismo. Nesta, o elemento diferenciador e autêntico da individualidade é possibilitado pela multiplicação dos círculos sociais, processo este que deriva do aprofundamento da divisão do trabalho. Sua ocorrência histórica é, como assinala Simmel, do século XIX: "O outro sentido da individualidade, que o século XVIII não reconheceu como contraditório com o seu, foi elaborado no século XIX: teoricamente pelo romantismo e praticamente pela divisão do trabalho".[18]

Dessa forma, tanto o elemento igualitário que universaliza a autonomia dos indivíduos quanto sua dimensão diferenciadora que enfatiza a autenticidade são instituídos socialmente, sendo, em grande medida, decorrentes da ampliação e da multiplicação dos círculos sociais, características estas ligadas à própria modernização e ao advento da economia monetária. Dignidade e autenticidade são, portanto, dimensões complementares de um mesmo processo, sendo que as condições para a emergência da segunda são estabelecidas pela primeira:

---

[17] SOUZA. *Op. Cit.*, 2000. p. 113.

[18] SIMMEL. *Op. Cit.*, 1977a. p. 761. Tradução nossa ("El otro sentido de la individualidad, que el siglo XVIII no reconoció como contradicitorio con el suyo, fue elaborado en el siglo XIX: teóricamente por el romanticismo y prácticamente por la división del trabajo.")

O individualismo da igualdade, para não ser desde o princípio uma contradição em termos, necessita ser entendido como autonomia e liberdade, não limitadas por nenhum vínculo social estreito. O individualismo da desigualdade alimenta-se da conseqüência daquela liberdade, sobre a base da variedade infinita das disposições humanas, fazendo-a portanto incompatível com a igualdade.[19]

Isso posto, podemos estabelecer as seguintes conclusões. Em primeiro lugar, as dimensões da dignidade e da autenticidade, definidas por Taylor, parecem equivaler, respectivamente, aos individualismos do século XVIII e do século XIX, da forma como foram definidos por Simmel. Em segundo, no que concerne especificamente à dimensão da autenticidade, a contribuição de Simmel parece tratá-la como a possibilidade, ampliada enormemente na modernidade, de um indivíduo estar inserido em um elenco particular de círculos sociais, construindo-os; na adição, a estes, de aspectos únicos de sua personalidade, sua personalidade é construída. Isso pressupõe, no entanto, a efetividade de uma gama de interações sociais incessantes, não dependendo somente do desejo do ator social de elaborar internamente essa dimensão autêntica de sua individualidade. Com clareza, Simmel afirma:

> A relação mútua entre os sujeitos, ou a para energia interior do homem, quase nunca basta para produzir todas as particularidades espirituais que o indivíduo possui; na verdade, parece necessário para isto uma certa extensão do que chamamos de espírito objetivo [...].[20]

De fato, a formação da individualidade envolve diversas dimensões da vida social, não podendo ser compreendida através de modelos reducionistas. Nesse sentido, Charles Taylor parece ter tido o mérito de ampliar a moderna noção de indivíduo: "A identidade moderna surgiu porque mudanças na autocompreensão, ligadas a um grande leque de

---

[19] SIMMEL. *Op. Cit.*, 1977a. p. 763. Tradução nossa. ("El individualismo de la igualdad, para no ser desde el principio una contradicito in adjeto, necesita ser entendido como autonomía y liberdad, no limitadas por ningún vinculo social estrecho. El individualismo de la desigualdad saca la consecuencia de aquela liberdad, sobre la base de la variedad infinita de las disposiciones humanas, haciéndola por tanto incompatible con la igualdad.")

[20] Ibidem, p.762. Tradução nossa ("La relacion mutua entre los sujetos o la pura energia interior del hombre, no basta casi nunca para hacer que se produzcan todas las particularidades espirituales que el individuo posee; antes bien, parece necesario para ello una cierta extensión de lo que llamamos espíritu objetivo...")

práticas – religiosas, políticas, econômicas, familiares, intelectuais, artísticas –, convergiram e reforçaram-se mutuamente para produzi-la."[21]

Ao chamar a atenção para o fato de que os elementos universalizáveis não são os únicos a constituírem o indivíduo moderno, Taylor pretende enfatizar os aspectos valorativos e culturais manipulados pelo próprio sujeito na procura por trajetórias individuais autênticas. No entanto, ele parece não perceber que esse elenco diverso de valores e de bens culturais só está acessível para os indivíduos na medida em que estes podem vivenciar uma gama igualmente diversa de círculos sociais. Na verdade, o conceito simmeliano de vivência (*Erlebnis*)[22] contém, cremos, a chave explicativa para a dimensão autêntica do fenômeno do individualismo. Por *vivência* entendemos a interação recíproca entre os elementos subjetivos e objetivos de uma cultura. Em outros termos, os elementos objetivos de uma cultura adicionam características à personalidade dos indivíduos e estes, por seu turno, podem modificar a realidade objetiva à medida que estabelecem novas formas de interação/sociação, passíveis de serem institucionalizadas.

Sendo assim, a busca pela autenticidade é o mesmo que vivenciar um elenco particular de círculos sociais. Com efeito, o fato desse elenco não poder ser universalizável e estendido a todos os indivíduos não nos autoriza a afirmar que o entrecruzamento dos círculos sociais está isento de qualquer determinação social. O que é próprio de cada um de nós também é construído socialmente, embora, em parte, sejamos sujeitos desse processo.

---

[21] TAYLOR, Charles. Explorando "L' humaine condition" In: _____. *As fontes do self: a construção da identidade moderna*. São Paulo: Edições Loyola, 1997c. p. 268.

[22] Vivência (*Erlebnis*) não é outra coisa senão a troca de influências entre os espíritos individuais e aquela propriedade potencial da sociedade, isto é, o conjunto dos elementos não humanos dotados de um valor cultural ou cultura objetiva. Contudo, acreditamos que a explicação desse conceito através de seu significado em alemão (*Erlebnis*) é fundamental para sua fecundidade não se perca em meio a outras noções parecidas. Como destacam RAMMSTEDDT & DAHME (1998: 216) *Erlebnis* – "A palavra alemã *erlebnis* contém a palavra 'vida', e o prefixo (Er-) indica uma recepção de algo (como em *erleiden, erfahren, erhalten*). Tomar algo, receber algo da vida, uma impressão, uma lembrança, uma lição no sentido de um efeito interno, espiritual, imaterial – isto é, etimologicamente, o significado da palavra *erlebnis*, aqui traduzida por *vivência*. Traduções alternativas seriam, dependendo do contexto, *experiência de vida* ou até *aventura*. A simples palavra *erlebnis* já provoca a associação da chamada *filosofia da vida* (lebensphilosophie), corrente forte do começo do século, com os protagonistas alemães Wilhelm Dilthey e Rudolf Eucken. São mencionados, historicamente, também Nietzsche e Simmel. Na filosofia da vida, a noção de *erlebnis* torna-se um instrumento para ressaltar as *qualidades* internas e espirituais da vida humana contra *quantidades* objetivas, observáveis de fora, contra uma ciência positivista e materialista "presa aos 'fatos objetivos'... é contra a redução da vida a 'ações' na sociologia empírica. O que parece, de fora, como a 'ação' parece, por dentro, como *erlebnis*."

CAPÍTULO 3
Divisão do Trabalho e Burocracia

Como procuramos destacar nos capítulos precedentes, nossa argumentação está baseada no pressuposto de que a divisão do trabalho deve ser concebida como o mais articulado elemento constitutivo das estruturas sociais, já que, como destaca Alexander[1]:

> Os sociólogos são sociólogos porque acreditam que a sociedade tem padrões, estruturas de alguma maneira diferentes dos atores que a compõem. Concordando embora com a existência de tais padrões, os sociólogos estão freqüentemente em desacordo sobre como na realidade a ordem é produzida.

Neste ponto, o da discordância entre os sociólogos sobre como as estruturas são produzidas, é que pretendemos sugerir a divisão do trabalho como o elemento a partir do qual esse dilema pode ser superado; ela deve ser considerada, portanto, como *essencialmente estrutural*, como elemento fundamental que engendra os processos estruturais que fundam as instituições modernas. Os efeitos do aprofundamento da divisão do trabalho se fazem notar nas mais diversas dimensões da vida social, cabendo ao pesquisador, se este for o caso, optar pelo estudo mais específico de algumas delas. Quando se pretende de outra perspectiva tornar evidente a centralidade do processo de divisão do trabalho na compreensão de uma série de outros fenômenos associados à modernização – associação esta que jamais basta a uma análise mais rigorosamente sociológica – parece ser necessário ampliar o escopo de temas e questões a serem abordadas, procurando identificar suas relações (causais ou condicionais) com o processo central. Por isso, passamos de uma análise sobre a formação da moderna noção de indivíduo, e suas diversas

---
[1] ALEXANDER, *Op. Cit.*, 1987. p. 14

facetas, a um esforço teórico que começa pela retomada do tema weberiano da burocratização.

Nesse sentido é que se faz necessário identificar as condições sociais mais favoráveis à consolidação do aparato burocrático. Assim, surge também a questão de como, em algumas sociedades, as tentativas políticas de criar um corpo de funcionários profissionais para desempenhar permanentemente as funções monopolizadas e centralizadas pelo estado obtêm mais sucesso do que em outras. A nosso ver, é possível identificar tais condições sociais nos escritos do próprio Max Weber, embora isto não esteja colocado de forma clara e explícita por ele. Tais condições estariam, na verdade, relacionadas à difusão de relações impessoais, em tudo dependendo da crescente monetarização das trocas econômicas e da divisão do trabalho.

Nossa tese é de que a análise weberiana da burocracia abre caminho para uma explicação baseada em outros elementos, que a leitura "oficial" da obra de Weber não tem explicitado com a devida clareza. Preocupado em encontrar as razões para o pluralismo paradigmático que endemicamente caracteriza a Sociologia, Alexander sugere que o dissenso contemporâneo que marca a disciplina é, em grande parte, fruto da hegemonia de algumas interpretações da obra dos clássicos. Escrevendo sobre essas mesmas questões, Giddens[2] fala de um *consenso ortodoxo* comprometido em perpetuar alguns mitos sobre o legado da Sociologia, em que o diálogo entre autores clássicos está descartado. Parece claro, para esses dois autores, que os textos dos clássicos e sua importância para o pensamento social da atualidade são duas coisas em aberto, estando associadas às diversas interpretações promovidas a partir de múltiplos *interesses teóricos*. Daí que as tentativas de identificar elementos sobre os quais os clássicos possam entrar em acordo são, com freqüência, rotuladas de ecletismo, sendo necessário, para superar esse rótulo, um novo consenso em torno de interesses teóricos, em que o acordo entre aqueles autores possa estar na ordem do dia.

Nosso esforço neste trabalho já terá sido válido se ajudarmos a romper com as leituras apologéticas dos clássicos. Tais leituras, por sua

---

[2] GIDDENS, Anthony. *Em defesa da Sociologia*. São Paulo: UNESP, 2001.

própria natureza (leia-se: por seus próprios interesses teóricos), já de início contemplam alguns textos desses autores deixando outros escritos importantes no completo esquecimento. Qual obra de Durkheim possui maior relevância para a sociologia? A *Divisão do Trabalho Social* ou *As Formas Elementares*...? Parsons, por exemplo, optou pela segunda. Como poderia a escola interacionista americana sustentar-se em Simmel sem excluir de sua biblioteca a análise que esse autor realiza sobre o entrecruzamento de círculos sociais e seu papel determinante da personalidade individual?

Esses e outros exemplos nos levam a crer que nossa argumentação sobre a análise weberiana da burocracia deve incluir não só o capítulo de *Economia e Sociedade*, dedicado às considerações teóricas sobre o tema, no qual já é possível perceber a importância de uma economia monetária plenamente desenvolvida para a sobrevivência do Estado burocrático, mas também um texto relativamente desconhecido que o autor alemão escreveu sobre a decadência do Império Romano, *As causas sociais do declínio da cultura antiga*, no qual a questão da burocracia aparece com notável centralidade.

Foi Weber quem, pioneiramente, tratou de forma sistemática os processos inscritos na administração. Em *Economia e Sociedade*, sua obra de maior fôlego, a burocracia aparece como um traço marcante da moderna administração capitalista; seja na empresa privada, seja na condução dos empreendimentos do Estado, uma outra forma de organização do trabalho administrativo parece estar em franco crescimento. Esse fenômeno caracteriza-se, resumidamente: 1) pela separação entre meios de administração e objetos possuídos pelos funcionários; 2) pela existência de uma especialização objetiva, de acordo com as "funções" racionalmente necessárias para que a burocracia desempenhe com a maior eficiência possível as tarefas que lhe são requeridas; 3) que se encontrem estabelecidas relações plenamente impessoais entre, de um lado, as pessoas que ocupam as posições objetivas da burocracia e, de outro lado, entre essas pessoas e o "público", as pessoas que de algum modo estão submetidas a esse tipo de administração. Nos termos do próprio Weber:

> Em princípio, a organização moderna do serviço público separa a repartição do domicílio privado do funcionário e, em geral, a Burocracia segrega a

atividade oficial como algo distinto da esfera da vida privada. Os dinheiros e equipamento público estão divorciados da autoridade privada.[3]

E ainda, "A burocratização oferece, acima de tudo, a possibilidade ótima de colocar-se em prática o princípio da especialização das funções administrativas, de acordo com considerações exclusivamente objetivas."[4]

Em suas análises, Weber afirma repetidamente que o traço mais singular da época moderna é o processo de racionalização, isto é, a predominância das ações que mais se aproximam do modelo ideal-típico de ação racional referente a fins. Com a modernidade, a lógica do cálculo tende a se estabelecer, em todas as esferas da vida social, como forma de alcançar a maior eficiência. Nesse sentido, a burocracia se apresenta como a mais racional de todas as formas de administração, isto é, a que possibilita alcançar com a maior eficiência possível os objetivos instrumentais do estado nacional e da empresa privada. Isso ocorre porque "a burocracia oferece as atitudes exigidas pelo aparato externo da cultura moderna, na combinação mais favorável."[5]

A eficiência que caracteriza a burocracia, além de estar baseada no que Weber chama de "ampliação intensiva e qualitativa"[6] das funções especializadas, ou seja, no aumento da produtividade devido à especialização, decorre também do caráter impessoal das relações que são estabelecidas entre os funcionários. Porém, essas relações verificadas na administração do estado-nacional e da empresa capitalista, evidenciam, segundo Weber, apenas que algumas das esferas da vida social, nesse caso a política e a econômica, foram submetidas ao processo de racionalização, o que não indicaria, necessariamente, a existência de determinação de uma esfera pela outra. Entretanto, Weber também reconhece que há um condicionamento mútuo entre essas esferas, o que nos autoriza a deixar uma sugestão: se na esfera econômica encontram-se constituídas tais relações impessoais, estas últimas terão, por sua vez, maior

---

[3] WEBER, Max. Burocracia. In: WRIGHT, Mills C.; GERTH, H. H. (Org.). *Ensaios de Sociologia*. Rio de Janeiro: Guanabara, 1982. p. 230.

[4] Ibidem, p. 250.

[5] Ibidem, p. 251.

[6] Ibidem, p. 246.

facilidade para se estabelecerem também no âmbito da administração pública.

Em *As causas sociais do declínio da cultura antiga*, Weber se propõe a analisar a queda do Império Romano a partir de suas determinações – contradições, talvez – internas, destacando a crise do escravismo e o progressivo esvaziamento do exército e da burocracia estatal (o que significava o próprio esvaziamento dos centros urbanos), elementos estes que, na verdade, já indicavam a transição da antiguidade para o feudalismo.

Como neste capítulo nosso objetivo é o de sustentar a existência de uma importante relação entre divisão do trabalho, economia monetária e burocracia, não iremos tratar da crise do escravismo, mas sim daquela relacionada ao aparato administrativo de Roma.

Roma, assim como todas as cidades antigas, originou-se das primitivas comunidades gentílicas, nas quais o sistema de parentesco estruturava todas as relações dentro e fora do lar. Originou-se, portanto, do direito privado que aos poucos foi servindo de base para o surgimento de um direito público, o qual só pode existir se estiver apoiado em um firme processo de centralização política e numa sólida burocracia estatal. Se a centralização do poder parecia estar assegurada pela competência política dos imperadores e seu controle sobre o exército, o processo de burocratização do Estado, sem o qual esta centralização não pode se efetivar, era incompatível com as características da própria sociedade romana. Quanto a isso, Weber é direto: não pode haver burocratização nem do exército nem do aparato administrativo numa sociedade com pouca extensão da economia monetária e de insuficiente divisão livre do trabalho. Se havia alguma relação comercial em Roma, pode-se dizer que era decorrente de trocas econômicas com outros povos, pois, internamente, à exceção das famílias patrícias e de pequena parte da plebe, não havia um comércio intenso e monetarizado, levando Weber a concluir que "um comércio desse tipo não se compara em nada com o moderno".[7]

O que o sociólogo alemão efetivamente admite é que as relações no plano societal não eram, em Roma, favoráveis à consolidação de uma burocracia profissional e estável. Faltavam, além de disciplina e

---

[7] WEBER apud COHN, 1989. p. 40.

regularidade, mecanismos que permitissem a concentração dos meios de administração junto ao Estado e o pagamento em dinheiro aos funcionários, condições estas que supõem a difusão da economia monetária em outras esferas da vida social. Na ausência desses elementos, lançava-se mão do pagamento em natura, o que comprometia a coesão do aparato burocrático a cada crise de abastecimento. A alternativa encontrada por Carlos Magno, quando esteve à frente do Império Carolíngio, foi a de permitir a descentralização dos meios de administração, o que na verdade já era o prenúncio da descentralização política que caracterizaria a sociedade feudal.

Portanto, embora a burocratização do estado romano, sobretudo do exército, tivesse sido, em princípio, temporariamente alcançada, ela não poderia se manter sem a impessoalidade que somente a economia monetária pode assegurar. E isto, como afirma Weber, "significou a eliminação daquele aparelho administrativo, e portanto, da superestrutura política de um regime de economia monetária, que já não se ajustava à infra-estrutura econômica, que vivia num regime de economia natural."[8]

Se na antiga Roma não existiam as condições sociais necessárias a um efetivo processo de burocratização do Estado e se no feudalismo isso representou a própria dissolução do Estado centralizado, o renascimento do comércio, a partir do século XII, vai aos poucos criando a necessidade e os pressupostos da moderna burocracia. Entre esses pressupostos, Weber destaca a difusão da economia monetária, já que essa nova relação, além de possibilitar a concentração dos meios administrativos, vai permitir que a compensação financeira substitua a *prebenda* nas relações entre o funcionário – cada vez mais especialista – e a autoridade estatal.

Ao sustentar que existe uma relação direta entre o processo de divisão do trabalho e a formação de órgãos centrais burocratizados, temos como preocupação fundamental a necessidade de identificar as condições sociais mais favoráveis ao processo de burocratização. Para isso, percebemos que além da análise de Weber, da qual parte nossa

---

[8] WEBER apud COHN, 1989. p. 55.

argumentação neste capítulo, é possível recorrer também às idéias de Norbert Elias, sobretudo à sua análise sobre o processo civilizatório. Nessa análise, a constituição de uma forma específica de coação sobre a vida pulsional e afetiva aparece relacionada ao fortalecimento dos Estados Nacionais, quando estes passam a dispor do monopólio da violência física assegurado pela formação de uma burocracia e de um exército profissional.

É no segundo volume de seu *O Processo Civilizatório*, que Elias realiza uma análise do desenvolvimento daquilo que, no primeiro volume da obra, ele chamou de *civilização*. Partindo de uma perspectiva que busca a todo instante basear-se no próprio processo histórico, ele destaca, no plano teórico, três eixos explicativos, que, grosso modo, contemplam as dimensões da economia, da política e da personalidade. Na dimensão econômica, Elias destaca o avanço de processos sociais como o do crescimento demográfico, o da divisão do trabalho e o da difusão da economia monetária, relacionando-os com a ampliação da rede de interdependência funcional que liga os indivíduos. A dimensão política, que tem nos processos sociais que acabamos de mencionar seu pressuposto mais fundamental, refere-se à formação e ao fortalecimento dos órgãos centrais burocratizados. Essas duas dimensões, ao atuarem em correspondência com a difusão de padrões de comportamento identificados com as camadas sociais superiores, promovem um refreamento das pulsões fisiológicas e afetivo–emocionais, não mais a partir de um controle externo aos indivíduos, mas agora por meio de uma autocoação que vai encontrar na disciplina do trabalho seu suporte mais poderoso:

> Em todas as sociedades ocidentais, as formas de comportamento e modelação afetivo-emocional cultivadas nas pessoas são, cada vez mais, as necessárias à realização das funções de aquisição e à execução de um trabalho regulado com mais ou menos precisão.[9]

Como procuraremos demonstrar no próximo capítulo, a difusão por todas as camadas sociais de um mesmo padrão de comportamento e de uma mesma estrutura psicossocial é um dos fundamentos da

---

[9] ELIAS, Norbert. *O processo civilizatório*. Lisboa: Publicações Dom Quixote, 1990. p. 245.

noção de igualdade e da própria idéia de cidadania, já que isso pressupõe que todas as camadas sociais trabalhem e tenham em relação ao trabalho um conjunto de normas de tendência igualitária. Por ora é preciso retomar a questão da burocracia.

Ao referir-se, por exemplo, à época em que Carlos Magno esteve à frente do Império Carolíngio – tema que não por acaso também mereceu a atenção de Weber – Norbert Elias aponta as dificuldades para que as iniciativas políticas de centralizar as funções administrativas e militares fossem bem sucedidas. A existência de uma fidelidade intencional por parte dos homens de confiança do Imperador não podia agir contra as condições estruturais da época, claramente desfavoráveis a qualquer tipo de centralização político-administrativa. Se no período de glória do Império Romano havia pelo menos um comércio marítimo que garantia minimamente os recursos monetários ou em natura para a manutenção dos funcionários, a partir do século IV, com a drástica diminuição de qualquer tipo de comércio, os órgãos centrais tendem a dissolver-se e seus funcionários e demais subordinados a tornarem-se proprietários dos instrumentos militares e administrativos. Como bem observou Weber, a concentração dos instrumentos administrativos em órgãos centrais e sua separação dos bens particulares do funcionário é uma das características mais essenciais do sistema burocrático, ou seja, o Estado deve realizar em relação aos meios de administração aquilo que o capitalista realiza em relação aos meios de produção. Ora, como isso pode ser possível se o Estado não dispõe de recursos em abundância para assegurar a coesão do corpo de funcionários? Sobre isso, Elias afirma de forma muito clara que: "A sociedade não lhes proporciona uma tributação pecuniária suficiente para poderem ter um exército a soldo ou para, através de um salário e dinheiro, poderem manter na sua dependência os funcionários delegados, mesmo em regiões afastadas."[10]

A nosso ver, fica evidente que as condições sociais necessárias a um efetivo processo de burocratização, próximo da versão ideal-típica elaborada por Weber, equivalem ao avanço de uma ampla rede de interdependência que liga os indivíduos no quadro de uma complexa divisão do trabalho e de monetarização das trocas econômicas.

---

[10] ELIAS, Norbert. O processo civilizatório. Lisboa: Publicações Dom Quixote, 1990. p. 24.

Tanto a análise de Elias quanto a de Weber sobre as causas sociais do declínio da cultura antiga nos levam à seguinte questão: existiriam em Roma, cidade que teria sido um exemplo de desenvolvimento urbano e comercial da antiguidade, condições sociais favoráveis à consolidação de um aparelho burocrático semelhante àquele de que dispõem os estados modernos? Tanto Elias quanto Weber nos dão subsídios para afirmar que não. O comércio e a divisão do trabalho que existiam em Roma não criaram uma ampla cadeia de interdependência capaz de fazer com que a disciplina e o autocontrole da vida pulsional fossem difundidos entre as diversas camadas daquela sociedade. Além disso, como o comércio ali existente não envolvia o interior do continente, ou seja, as áreas centrais do Império, já que a maior parte das trocas era realizada nas proximidades dos mares, não foram criadas na sociedade romana as condições sociais necessárias à consolidação de uma burocracia profissional: "[...] enquanto predominou na sociedade a economia de subsistência, não era possível formar um funcionalismo rigidamente centralizado, um aparelho de soberania estável".[11]

Ao que tudo indica, enquanto o expansionismo Romano possibilitou a obtenção de escravos e garantiu o volume de produção agrícola necessário para complementar o soldo dos funcionários, o Império pôde temporariamente manter seu aparelho burocrático. Porém, como essas condições estavam, por assim dizer, fora da sociedade romana, e como a própria expansão territorial e a obtenção de recursos daí decorrente pressupunham a existência de uma estrutura administrativa e militar cada vez mais extensa e coesa, a crise seria inevitável. Em outros termos: os elementos que possibilitavam a existência temporária de um corpo de funcionários criavam, ao mesmo tempo, a necessidade de expansão do aparato burocrático. Na verdade, somente quando o processo de divisão do trabalho e o crescimento demográfico transpuseram para o interior do continente europeu o embrião de uma sociedade baseada numa crescente rede de interdependência funcional é que estruturas de órgãos centrais e burocráticos puderam se desenvolver em diferentes países; como afirma o próprio Norbert Elias, "a estrutura dos órgãos

---

[11] ELIAS, Norbert. *O processo civilizatório*. Lisboa: Publicações Dom Quixote, 1990. p. 31.

centrais está em correspondência com a estrutura da divisão e da interdependência das funções".[12]

Pelo que já foi estabelecido, é coerente sustentar que a progressiva divisão do trabalho é a principal responsável pela crescente difusão de relações impessoais entre os indivíduos. Nesse sentido, podemos afirmar que a análise sociológica de Weber, que em princípio prefere não identificar nenhum tipo de determinação estrutural, é obrigada a reconhecer que a lógica do mercado atua como um elemento disciplinador do comportamento individual em outras esferas da vida social. Afinal, o que seria a "tragédia" do *cárcere de ferro*? Se estas relações impessoais são previamente estabelecidas no mercado através da economia monetária, isto, inevitavelmente, favorece sua existência na administração pública. Sustentamos, por conseguinte, que a impessoalidade verificada nas relações de mercado, exigida pela divisão do trabalho, é fundamental para que a estrutura legal de dominação, que se utiliza da administração burocrática, não seja obstaculizada por práticas sociais antagônicas às que devem constituir esse tipo de administração, como, por exemplo, as práticas patrimonialistas. Nesse caso, o conceito de dualidade da estrutura (estruturação) de Giddens talvez possa, como nenhum outro, sintetizar o elemento central da relação entre divisão do trabalho e burocracia. Giddens afirma que as estruturas somente são reproduzidas à medida que as práticas sociais mais freqüentes (regularidades) atuem no sentido de reforçar as posições "objetivas" definidas pela estrutura: "por dualidade da estrutura quero dizer que a estrutura social tanto é constituída pela atividade humana como é ainda, ao mesmo tempo, o verdadeiro meio dessa constituição."[13]

Como conseqüência disso, as relações impessoais serão cada vez mais reproduzidas à medida que, no maior número de esferas possível, forem adotadas e reconhecidas pelos atores como condutas legítimas, isto é, quando puderem ser consideradas como instituições sociais. É fundamental, portanto, que as relações impessoais sirvam não apenas como meio de reprodução das estruturas, a burocracia, por exemplo, mas também que sejam reproduzidas como o resultado das práticas

---

[12] ELIAS, Norbert. *O processo civilizatório.* Lisboa: Publicações Dom Quixote, 1990. p. 33.

[13] GIDDENS, Anthony. *As novas regras do método sociológico.* Rio de Janeiro: Jorge Zahar Ed., 1999. p. 141.

sociais. Como sustenta Giddens [14], "os meios assentam tanto numa ordem de dominação como, ao mesmo tempo, ao serem aplicados, reproduzem essa forma de dominação." Isso significa ainda que faz grande diferença se as relações impessoais são reproduzidas somente na administração pública ou se estão também instituídas nas demais esferas da vida social. No segundo caso, não correm o risco de serem rapidamente substituídas por outros tipos de relações, o que levaria à dissolução da estrutura de dominação legal e da forma burocrática de administração. Nesse sentido, verifica-se que uma variedade de práticas sociais, nas quais as relações exigidas para que uma administração pública possa ser, de fato, a mais racional, constitui a condição principal de sua continuidade, ou seja, da reprodução dessa forma de administração. E é por ocasião do aprofundamento da divisão do trabalho que, com efeito, essas práticas sociais se estabelecem e são reproduzidas. A principal delas, como já frisamos, é a existência de relações de troca monetarizadas. E Weber parece concordar com isso: "o desenvolvimento da economia monetária, na medida em que uma compensação financeira é possível, é um pressuposto da burocracia."[15] Concomitantemente a isso, Weber também verifica que a exigência do serviço eficiente, do cálculo em todas as ações e, principalmente, nas tarefas realizadas pela administração pública decorrem do desenvolvimento da economia monetária. Isso porque a racionalidade do mercado requer também que se racionalizem as ações envolvendo a emissão de moeda, o gasto público, a tributação, entre outras. Ainda que Weber identifique em outras épocas a existência de processos administrativos com características semelhantes às da moderna burocracia, ele reconhece que esse fenômeno, uma vez acompanhado do desenvolvimento da economia monetária e das relações impessoais de mercado, adquire na época moderna uma estabilidade antes não alcançada: "quando se estabelece plenamente, a burocracia está entre as estruturas sociais mais difíceis de destruir."[16] Essa estabilidade é, pois, assegurada pelo fato da racionalidade e da eficiência serem requeridas pela economia de mercado e pelo avanço da divisão do trabalho.

---

[14] GIDDENS, Anthony. *As novas regras do método sociológico*. Rio de Janeiro: Jorge Zahar Ed., 1999. p. 141.

[15] WEBER, *Op. cit.*, p. 238.

[16] Ibidem, p. 264.

CAPÍTULO 4
Divisão do Trabalho e Cidadania

Este capítulo tem dois objetivos principais: o de trazer uma contribuição específica à discussão do tema da cidadania e o de demonstrar (através da análise desse tema particular) como abordagens teóricas, que ao superarem a idéia de que a Sociologia é, necessariamente, uma ciência pluriparadigmática e procurarem acordos entre os autores clássicos, podem mostrar-se promissoras na pesquisa sociológica.

Nosso argumento principal é o de que a literatura disponível sobre o fenômeno da cidadania, na medida em que falha em compreender sua natureza estrutural, mostra-se incapaz de gerar subsídios para a elucidação dos problemas práticos e teóricos a que ele remete. Na verdade, o tema da cidadania não tem sido abordado de uma perspectiva essencialmente sociológica e, dado suas interfaces com os temas da organização e da participação políticas, tem recebido maior atenção da parte de cientistas políticos, historiadores e, mesmo, filósofos. Ao que parece, a Sociologia tem se limitado a incorporar ao seu discurso sobre a cidadania aqueles produzidos em outras áreas de conhecimento.

Tal como as dimensões da igualdade, da liberdade e do individualismo moral, analisadas nos capítulos precedentes, veremos como a emergência da cidadania decorre da difusão das relações de mercado e, mais especificamente, do aprofundamento do processo de divisão do trabalho.

Para fundamentar nosso argumento, recorremos a alguns textos clássicos e a artigos mais ou menos recentes que mais claramente contribuem para o entendimento das condições estruturais de emergência do fenômeno, mas que também evidenciam os equívocos a que estão sujeitas as análises que incorporam as noções correntes de cidadania. Dentre estas se incluem, não raro, as análises acadêmicas sobre a democracia, os movimentos sociais e a participação política, passando pelos estudos sobre as desigualdades sociais até as propostas de políticas públicas para minimizá-las.

CONSIDERAÇÕES TEÓRICAS

A universalização dos direitos da cidadania no Brasil tem constituído, explícita ou implicitamente, uma preocupação central de partidos políticos, de religiosos, de intelectuais, de sindicatos e organizações civis comprometidas com os valores democráticos.

Se, por um lado, constata-se que os direitos básicos da cidadania política têm sido garantidos com o processo de redemocratização do País, por outro, há preocupações com as condições de seu exercício efetivo na vida cotidiana, sobretudo no que se refere às oportunidades econômicas e ao acesso aos direitos sociais. Com efeito, as desigualdades sociais e a miséria têm sido vistas como o maior obstáculo ao pleno exercício da cidadania na sociedade brasileira contemporânea. Para Caubet, por exemplo,

> não poderá haver cidadania *efetiva* no Brasil, a não ser para minoria dos privilegiados, enquanto os indicadores sociais permanecerem como estão e continuar o agravamento das injustiças na repartição da renda nacional. São as enormes disparidades socioeconômicas que acabam revelando os diversos estatutos da cidadania, contra a afirmação da existência de uma cidadania única e válida *erga omnes*.[1]

Referindo-se às várias cidadanias da Constituição de 1988, Caubet termina por afirmar que "o trabalhador, que sequer dispõe da possibilidade de satisfazer suas necessidades básicas, muito menos terá condições de utilizar a maior parte dos instrumentos jurídicos que amparam as liberdades fundamentais".[2]

Se concordarmos com Marshall, que o conceito de cidadania desdobra-se em três dimensões – a cidadania civil, a cidadania política

---

[1] CAUBET, Christian C. As várias cidadanias da Constituição de 1988. *Ciências Sociais Hoje*, 1989. p. 136.

[2] Ibidem, p. 147.

e a cidadania social –, somos levados a crer, pela afirmação de Caubet, que já teríamos alcançado as duas primeiras, contudo, sem havermos progredido suficientemente em relação aos direitos sociais. Na verdade, se no passado as limitações à cidadania eram, com freqüência, atribuídas ao autoritarismo do Estado brasileiro, hoje elas tendem a ser vistas como resultantes das desigualdades sociais e da miséria.

Os analistas da sociedade brasileira, no período que vai da Abolição (quando teria tido início a "revolução burguesa" no Brasil) à abertura política recente, tendem a concordar que o caráter autoritário do Estado constituía-se no principal obstáculo à organização das camadas populares e, conseqüentemente, à universalização dos direitos da cidadania.

Ianni, por exemplo, afirma que "seguidamente o princípio da cidadania – a despeito dos poucos que o desfrutavam – era violado pelos governos ou os seus funcionários civis ou militares". Para esse autor, "o pouco de democracia que houve no Brasil em 1946-64 ficou em algumas cidades, em alguns setores sociais burgueses e médios das cidades".[3]

Ainda que numa linha de raciocínio mais sofisticada, também W. G. dos Santos atribui ao autoritarismo do Estado brasileiro pós-1930 o surgimento da "cidadania regulada". Para ele, os direitos dos cidadãos neste período:

> são decorrência dos direitos das profissões e as profissões só existem na regulamentação estatal. [...] Se era certo que o Estado devia satisfação aos cidadãos, era este mesmo Estado quem definia quem era e quem não era cidadão, via profissão.[4]

Por mais convincente que possa parecer este argumento, tendemos a acreditar que ele reforça certos equívocos sobre a questão do acesso à cidadania no Brasil. De acordo com a argumentação que desenvolvemos mais à frente, talvez seja possível afirmar que o que Santos imagina constituir uma "cidadania regulada" nada mais seria que uma condição (de cidadania) que o Estado se vê na contingência de reconhecer. Cidadania esta que, como veremos, estará desde sempre ligada à profissão e

---

[3] IANNI, Octávio. *O ciclo da revolução burguesa*. Petrópolis: Vozes, 1984. p. 19.

[4] SANTOS, Wanderley Guilherme. *Cidadania e justiça: a política social na ordem brasileira*. Rio de Janeiro: Campus, 1979. p. 77.

ao trabalho regular. Não é por acaso que as idéias que pretendemos desenvolver a respeito deste fenômeno se aproximam das noções de dignidade e reconhecimento social associadas à afirmação moral do trabalho e analisadas por autores como Norbert Elias e Charles Taylor.

Ao afirmar que entende por cidadania regulada "o conceito de cidadania cujas raízes encontram-se não em um código de valores políticos, mas em um sistema de estratificação ocupacional" definido por norma legal, Santos nos leva a indagar se a cidadania não tem sido percebida, se não como um direito natural, pelo menos como um direito decorrente da esfera restrita dos valores políticos. Para ele, o acesso à cidadania no Brasil submete-se, a partir de 1930, à ação intervencionista do Estado o qual, através de mecanismos institucionais regulatórios, criava a cidadania e os cidadãos, definindo por meio do reconhecimento do trabalho, enquanto profissão, quem poderia e quem não poderia gozar da dignidade social em sua forma potencialmente universalizável, a cidadania. Se, com esta tese, Santos estivesse sustentando que no Brasil e em boa parte dos países da periferia o Estado cumpriu um papel de "agente" – e não de sujeito[5] – modernizador, fomentando a industrialização e centralizando o aparato burocrático, seríamos levados a concordar com ele. Como seus argumentos vão noutro sentido, ou seja, no de creditar à ação do Estado praticamente todas as possibilidades de emergência da cidadania, Santos não consegue, como imagina estar fazendo, compreender os mecanismos que, de fato, operam na configuração deste fenômeno. Faz-se necessário, como tarefa rigorosamente sociológica, identificar se foi o Estado, por conta própria, o verdadeiro agente modernizador ou se ele assim se revela na medida em que se mostra capaz de incentivar e regular a expansão do mercado capitalista e, com isto, a própria divisão do trabalho social. Dentre estas duas possibilidades, não se deve hesitar em escolher a segunda, o que, por sua vez, traz sérias conseqüências para o conceito de "cidadania regulada". Este último, na medida em que aposta na "autonomia relativa" do Estado para criar e regular a condição de cidadão, negligencia as determinações objetivas do fenômeno da cidadania. O mérito de Santos é, talvez, o de haver identificado a relação entre trabalho e cidadania

---

[5] Cf. BOURDIEU, P. *Coisas Ditas*. São Paulo: Brasiliense, 1990.

ou, mais precisamente, entre profissão e cidadania. No entanto, ao tentar explicar esta última pela simples ação estatal de criar profissões, ele superestima a ação política, tendendo ao voluntarismo.

É nesse ponto que talvez se faça necessário discutir um pouco mais o conceito de cidadania, recorrendo, sobretudo, a Marx e Durkheim, mas também a autores contemporâneos cujas análises sobre o fenômeno mantêm interfaces com aquelas empreendidas por estes clássicos. Para adiantar um pouco as coisas, podemos começar por afirmar que, longe de constituir um direito natural ou um valor político universal, a cidadania é um estatuto socialmente construído pela civilização capitalista e ocidental que, estando associado à crescente divisão do trabalho social, decorre, sobretudo, da solidariedade orgânica, tal como concebida por Durkheim. Para esse autor,

> se a divisão social do trabalho produz a solidariedade, não é só porque faz de cada indivíduo um agente de troca, como dizem os economistas; é porque cria entre os homens todo um sistema de direitos e deveres, que os ligam uns aos outros de maneira durável. Do mesmo modo que as similitudes sociais dão origem a um direito e a uma moral, que as protege, a divisão do trabalho dá origem a normas que asseguram o concurso pacífico e o regular das funções divididas.[6]

Ainda que não fazendo referência direta à cidadania, são óbvias as implicações destas afirmações de Durkheim: o que seria este sistema de direitos e deveres que ligam os homens uns aos outros de maneira durável senão o conjunto de normas e valores que definem e regulam a cidadania? A compreensão da cidadania como um fenômeno resultante dos laços de interdependência entre os indivíduos encontra apoio também em Norbert Elias, cujos escritos sugerem estar sua emergência associada à difusão de uma mesma "economia emocional" entre todas as camadas sociais. Ao comentar Elias, Jessé Souza afirma que:

> o cidadão é precisamente o resultado do longo processo de substituição de regulação externa pela regulação interna da conduta. Ele não só tem os mesmos direitos, mas também a mesma economia emocional.

---
[6] DURKHEIM. *Op. Cit.*, 1984. p. 204.

O reconhecimento da interdependência entre as diversas classes que trabalham, acordo só possível quando a primeira classe dirigente da história que trabalha, a burguesia, assume o poder, propiciou uma equalização efetiva internamente a cada espaço nacional.[7]

Ora, o que seria essa "interdependência entre as diversas classes que trabalham" senão o resultado da ampliação do processo de divisão social do trabalho, em tudo semelhante ao conceito durkheimiano de solidariedade orgânica? E o que seria este acordo entre as diversas classes trabalhadoras senão a expressão contratual daquela moral única e válida para todos, definidora dos direitos e responsabilidades do cidadão numa sociedade industrial, de mercado, salarial e, sobretudo, como sustenta Elias, regulada por uma "economia emocional" civilizada? E mais, a existência dessa moral única e válida para todos parece corresponder, com certa exatidão, à emergência da noção de igualdade, presente nas relações da economia monetária a qual, como destacaram Simmel e Marx, se estabelece, por sua vez, como forma cada vez mais institucionalizada de relação social a cada avanço da divisão do trabalho.

Em outras palavras, tanto a "economia emocional" quanto a "substituição da regulação externa pela regulação interna da conduta", de que nos fala Elias, parecem depender da prévia instauração do igualitarismo e do individualismo moral no plano das práticas cotidianas. Ora, como vimos nos capítulos precedentes, estas duas condições encontram-se estreitamente relacionadas com a difusão das práticas de mercado e o aprofundamento da divisão social do trabalho.

Quanto a esta última, pouco importa aqui se ela decorre de imperativos de ordem moral ou, ao contrário, se a coesão que ela promove constitui apenas um subproduto da sua função econômica de aumentar "o rendimento das funções divididas". Importa, e muito, o fato dela gerar um sistema de direitos e deveres: é assim que se torna possível afirmar que, antes de constituir um direito natural, a cidadania decorre de processos sociais concretos e historicamente situados. Marshall, por exemplo, afirma que "na sociedade feudal não havia nenhum código uniforme de direitos e deveres com os quais todos os homens eram

---

[7] SOUZA. *Op. Cit.*, 2000. p. 56.

investidos [...]", acrescentando que "a cidadania tem sido uma instituição em desenvolvimento na Inglaterra pelo menos desde a segunda metade do século XVII [e que, portanto,] é claro que seu crescimento coincide com o desenvolvimento do capitalismo".[8]

Também em Marx a cidadania parece decorrer da divisão do trabalho e das relações de mercado. Ainda que não se referindo especificamente ao conjunto dos direitos e deveres do cidadão, Marx, ao analisar as trocas e as relações entre os agentes destas trocas, sugere muito claramente que igualdade e liberdade são elementos que emergem das relações de mercado na sociedade capitalista. Senão vejamos:

> na medida em que a mercadoria ou trabalho é concebido apenas como valor de troca, e a relação na qual as várias mercadorias são colocadas em conexão umas com as outras é concebida como troca destes valores de troca entre si, como sua equação, então os indivíduos, os sujeitos entre os quais este processo se faz, são simplesmente e apenas concebidos como agentes de troca. [...] Como sujeitos de troca, sua relação é, portanto, de *igualdade*. É impossível encontrar qualquer traço de distinção, para não falar de contradição, entre eles; nem mesmo uma diferença.[9]

Por sua vez,

> O conteúdo da troca, que se encontra inteiramente fora do seu caráter econômico, longe de colocar em perigo a igualdade social dos indivíduos, ao contrário, transforma sua diferença natural na base de sua igualdade social. Se o indivíduo A tivesse a mesma necessidade do indivíduo B, e se ambos tivessem realizado seu trabalho no mesmo objeto, então nenhuma relação estaria presente entre eles; considerando apenas sua produção, eles não seriam de forma alguma indivíduos diferentes.[10]

E mais,

> na medida em que estas diferenças naturais entre indivíduos e entre suas mercadorias [...] constituem o motivo para a integração daqueles indivíduos, para sua inter-relação social como agentes de troca, na qual

---

[8] MARSHALL, T. H. *Cidadania, classe social e status*. Rio de Janeiro: Zahar, 1967. p. 64-76.

[9] MARX. *Op. Cit.*, 1973. p. 241.

[10] Ibidem, p. 242.

se estipulam e se provam como iguais, entra, além da qualidade de igualdade, a de *liberdade*.[11]

Igualdade e liberdade são, portanto, não apenas respeitadas na troca baseada em valores de troca, mas também a troca de valores de troca é a base geradora real de toda a *igualdade* e *liberdade*. Igualdade e liberdade desenvolvidas a este ponto são exatamente o oposto da liberdade e da igualdade no mundo antigo. Igualdade e liberdade pressupõem relações de produção ainda não realizadas no mundo antigo ou durante a Idade Média.[12]

Fica claro nesses trechos não apenas que as relações de mercado determinam o conjunto das relações sociais, fazendo emergir um determinado padrão de "solidariedade", como também que estas decorrem diretamente da crescente divisão do trabalho nas sociedades em que o valor de troca constitui a base objetiva do sistema de produção como um todo. Os argumentos desenvolvidos no primeiro capítulo, sustentando que liberdade e igualdade são fenômenos cuja emergência está estreitamente associada aos processos de crescente divisão do trabalho e ampliação da economia monetária, reforçam nossa tese principal sobre a cidadania, permitindo, além disso, afirmar que alguns autores parecem haver percebido sua relação com tais processos, contudo, sem explicitá-la. É esta relação que F.W. Reis talvez tivesse em mente ao afirmar que é:

> impossível deixar de registrar, a propósito da noção de cidadania, a perspectiva em que a cidadania *real* é aquela condição que tem, como elemento crucial o elemento correspondente à perspectiva moderna do "civil" (ou "liberal") e na qual os membros da coletividade se afirmam por si mesmos ou autonomamente – isto é, afirmam-se na esfera privada (no mercado) de maneira que não só prescindem do Estado, mas que podem até opor-se a ele com eficácia.[13]

Reis oferece, a nosso ver, a mais importante contribuição teórica recente para a elucidação do caráter da cidadania na medida em que assume ser esta uma condição decorrente das relações de mercado. No

---

[11] MARX. *Op. Cit.*, 1973. p. 243.

[12] Ibidem, p. 245.

[13] REIS, Fábio Wanderley. Cidadania, mercado e sociedade civil. In: DINIZ, Eli; LOPES, José Sérgio Leite; PRANDI, Reginaldo (Org.). *O Brasil no rastro da crise*. São Paulo: ANPOCS / IPEA / HUCITEC, 1994. p. 345.

entanto, ao não especificar as bases destas relações, sua conclusão pode parecer fundada mais em convicções pessoais sobre as virtudes do mercado que na compreensão de seus mecanismos estruturalmente geradores de solidariedade, como o faz Marx ou como o faz Durkheim em relação à divisão do trabalho. A este respeito, cremos que as evidências até aqui apresentadas sobre a natureza estrutural dos mecanismos geradores de solidariedade, que constitui um ponto central do nosso argumento, são suficientes para evitar que a presente análise seja tomada como mera exaltação liberal do mercado.

Na verdade, o principal obstáculo à compreensão do caráter estrutural da cidadania parece residir não apenas na crença de que o mercado é, por excelência, gerador de desigualdades sociais, mas também na suposição de que a solidariedade é decorrente de atos de vontade fundados em valores morais. Para Durkheim, a solidariedade orgânica, típica das sociedades complexas, só se reveste de valor moral na medida em que, constituindo o resultado natural do conjunto de funções complementares, favorece a coesão social. Nada além disso.

Reis aborda, de certa forma, essas questões ao afirmar que "a perspectiva mais difundida a respeito das relações entre o capitalismo e a democracia tende a dar ênfase à democracia política, destacando a incompatibilidade que existiria entre ambos no nível dos próprios princípios envolvidos".[14] Isso colocado, o autor contra-argumenta que:

> uma razão decisiva para se destacar a idéia de mercado como referencial para a democracia consiste justamente no equilíbrio com que se produz nela a combinação entre o elemento realista correspondente aos interesses e o elemento solidarista [...] equilíbrio este no qual, naturalmente, a operação de cada um dos dois aspectos vê atenuada a sua lógica própria.[15]

Embora concordando no essencial com esta perspectiva, acreditamos serem necessários alguns comentários sobre sua análise, de forma a elucidar problemas relativos à primazia entre democracia

---

[14] REIS, Fábio Wanderley. Cidadania, mercado e sociedade civil. In: DINIZ, Eli; LOPES, José Sérgio Leite; PRANDI, Reginaldo (Org.). *O Brasil no rastro da crise*. São Paulo: ANPOCS / IPEA / HUCITEC, 1994. p. 328.

[15] Ibidem, p. 330.

política, mercado e cidadania, e de forma a dirimir dúvidas sobre o caráter estrutural da solidariedade.

Recorrendo aos conceitos de "sociedade" e "ação societária" e de "comunidade" e "ação comunitária" propostos por Weber, Reis argumenta que:

> se o mercado é inequivocamente o lugar da busca de interesses, ele se distingue também pelo fato de que tal busca se dá aí em condições que pressupõem a operação subjacente de um princípio de solidariedade e a adesão a normas que a regulam e mitigam...[16]

No entanto, referindo-se aos componentes de autonomia e igualdade dos agentes de mercado, Reis invoca a noção de "mercado político" enquanto "categoria reguladora apta a apreender alguns matizes básicos do desiderato contido na referência à democracia."[17] Nada teríamos a opor a incorporação da idéia de "mercado político" à discussão não fosse o fato dela sugerir uma certa subordinação das dimensões da igualdade, da autonomia e da liberdade, inerentes ao mercado, em relação ao processo político.

Tanto em Marx quanto em Durkheim as noções de autonomia, igualdade e divisão do trabalho como fontes geradoras de solidariedade aparecem amplamente independentes do processo político, decorrendo, sobretudo, da evolução das próprias forças produtivas e das relações sociais capitalistas. Vale lembrar aqui que, para Durkheim, é "a divisão do trabalho que dá origem a normas que asseguram o concurso pacífico das funções divididas" e que, para Marshall, "quando os direitos políticos fizeram sua primeira tentativa infantil de vir à tona, em 1832, os direitos civis já eram uma conquista do homem e tinham, em seus elementos essenciais, a mesma aparência que têm hoje".[18]

Mesmo admitindo que, com a evolução do capitalismo, a democracia política possa tornar-se vital para minimizar os efeitos das tendências monopolistas do mercado sobre as condições de reprodução

---

[16] REIS, Fábio Wanderley. Cidadania, mercado e sociedade civil. In: DINIZ, Eli; LOPES, José Sérgio Leite; PRANDI, Reginaldo (Org.). *O Brasil no rastro da crise*. São Paulo: ANPOCS / IPEA / HUCITEC, 1994. p. 330.

[17] Ibidem, p. 330.

[18] MARSHALL. *Op. Cit.*, 1967. p. 66.

da solidariedade social, tem-se que admitir que, historicamente, ela é precedida pelo mercado e seus mecanismos geradores de igualdade e liberdade. Nesse sentido, a própria democracia política pode ser pensada como corolário do mercado e seus mecanismos socialmente democratizantes.

O ponto efetivamente relevante desta discussão para o nosso argumento é o de que a democracia política, por si só, é incapaz de gerar cidadania em sociedades em que as relações de mercado, mesmo sendo hegemônicas, não constituem práticas suficientemente difundidas e regulares entre os distintos segmentos sociais.

Isso significa que, embora a democracia política formal possa ser replicável em sociedades com distintos níveis de desenvolvimento socioeconômico, o mesmo não aconteceria com a cidadania, a qual, da forma como historicamente se manifestou nos países capitalistas avançados, tem sua origem no mercado e em formas de solidariedade amplamente independentes do processo político. É por esta razão que tendemos a concordar com Roberts quando ele afirma que "uma cidadania civil fraca pode prejudicar o desenvolvimento da cidadania política mesmo quando exista democracia formal".[19]

A recíproca, no entanto, não nos parece verdadeira. Embora concordando com o fato de que "os *status* adquiridos pelos membros de uma comunidade pelo costume e pela lei, em conseqüência de seus direitos/obrigações civis, políticos e sociais inevitavelmente invadem os limites uns dos outros"[20], acreditamos que a qualidade da cidadania civil, que emerge das relações de mercado, ou seja, da democratização das relações sociais, constitui o elemento chave de todo o processo. É a partir de tal perspectiva que talvez seja possível compreender a coexistência, aparentemente contraditória, de elevados níveis de cidadania com baixos níveis de participação política em sociedades como a norte-americana.

Outra conclusão que talvez possa ser tirada da presente discussão sobre as relações entre cidadania e mercado é a de que a contradição

---

[19] ROBERTS, Bryan R. A dimensão social da cidadania. *Revista Brasileira de Ciências Sociais*, n° 33, 1997, p. 5.

[20] Ibidem, p. 5.

entre individualismo e solidariedade tem sido, no mínimo, superestimada. Como procuramos demonstrar no segundo capítulo, tal contradição só é verdadeira se estivermos falando do individualismo anômico, um fenômeno comum nos países de periferia. Neste sentido não caberia sequer falar, como o faz Reis, que "uma crucial dialética entre os aspectos da solidariedade e interesses", posto que não sendo, a rigor, contraditórios, não mantêm relações dialéticas.

Uma interpretação recente do fenômeno da cidadania que parece incorporar avanços em relação às análises correntes é a efetuada por Jessé Souza, em artigo "A construção da subcidadania".[21] Lamentavelmente, no entanto, se não cai no lugar comum de apontar o autoritarismo do Estado brasileiro e a desigual distribuição de renda como responsáveis pela não instauração da plena cidadania em nossa sociedade, Souza não escapa ao tom indignado, comum a outros estudiosos do fenômeno, quando atribui este papel "à lógica impessoal e oculta subjacente ao mercado" e à não internalização por todas as camadas sociais da "percepção da igualdade na dimensão da vida cotidiana".[22] Ora, se não há igualdade objetiva na vida cotidiana, tal "percepção" não pode se produzir senão no plano retórico ou, melhor dizendo, posto que, na modernidade, esta percepção decorre da igualdade objetiva propiciada pelas relações de mercado, como esperar que ela frutifique em sociedades em que estas relações não se difundiram plenamente e onde, portanto, não há igualdade? Após efetuar uma interessante análise histórica da sociedade brasileira, em que a escravidão emerge como responsável pelo "tipo de sociabilidade fundamental dessa formação social primitivamente antiigualitária em todas as suas dimensões", Souza afirma que, a partir de 1808, introduzem-se no país as "duas dimensões fundamentais da sociedade moderna: Estado racional e mercado capitalista".[23] Em sua visão, com a abertura dos portos ocorre a dinamização do comércio que "funcionará como principal elemento dissolvente de relações tradicionais" e, posteriormente, a difusão de má-

---

[21] Disponível em <http://www.iuperj.br>, IUPERJ, primeiro semestre de 2003.

[22] Ibidem, p. 20.

[23] Ibidem, p. 20.

quinas e mercadorias que "são sintomas de relações sociais de outro tipo".[24] Isso posto, Souza complementa que:

> mais uma vez, como sabia Max Weber melhor do que qualquer outro, não é preciso que haja uma revolução protestante ascética para se constituir uma sociedade moderna: Estado e mercado fazem esse trabalho e produzem o tipo de indivíduo que precisam a partir de estímulos empíricos bastante concretos.[25]

Neste ponto, tudo leva a crer que, ao atribuir ao mercado a responsabilidade pela emergência destas pré-condições para a cidadania, Souza houvesse compreendido que o caráter problemático, que esta assume em sociedades como a nossa, decorre exatamente da incompleta e desigual difusão das relações de mercado entre os distintos segmentos sociais. Mas não é isso o que ocorre e, de mocinhos, o mercado e o Estado racional passam a ser vistos como vilões que conspiram contra os direitos dos cidadãos.

Para Souza, a noção mais adequada para explicar o caráter excludente dos processos de modernização em países da periferia, como o Brasil, é a de seletividade. Esta noção é portadora da idéia de que nossas mazelas – ao invés de estarem relacionadas com uma condição endêmica de atraso que, segundo ele, está representada em nossa sociologia através de categorias como personalismo, patrimonialismo, familismo e destacadamente através da interpretação dual da sociedade brasileira realizada por Roberto DaMatta – são fenômenos intrinsecamente modernos ligados ao mercado e ao Estado burocrático e que se valem, portanto, da impessoalidade.

Não se pode negar que o Brasil e praticamente toda a periferia capitalista foram submetidos a um vigoroso processo de modernização e nem que isto, como sustenta Souza, ocorreu de forma seletiva, "fabricando, além de Burguesia e Operariado, um exército de dezenas de milhões de párias rurais e urbanos". Mas se concordamos integralmente com isso, somos obrigados também a admitir que atuaram na sociedade brasileira elementos puramente modernos, trazidos de fora como

---

[24] Disponível em <http://www.iuperj.br>, IUPERJ, primeiro semestre de 2003. p. 21.

[25] Ibidem, p. 21.

"artefatos prontos", e que as instituições e práticas pré-modernas tenham desaparecido por completo do cenário nacional. Se, no início de seu trabalho, Souza faz uma boa análise de questões como o mercado, a burocracia e a afirmação da vida cotidiana, relacionando-as com a modernidade do centro e da periferia, ao final, quando tudo indicava que desvendaria os mecanismos estruturais geradores de cidadania – para os quais seus argumentos iniciais apontavam – ele cai, mais uma vez, no terreno da ação política, à qual atribui papel fundamental na produção deste fenômeno. Ora, se de fora trouxemos o mercado e isso coincide com a emergência de alguma cidadania, e se o mercado não consegue, entre nós, impor sua economia emocional e sua disciplina por todo o tecido social, como não perceber a relação entre mercado e cidadania e, portanto, entre "insuficiência" de mercado e ausência de cidadania?[26] Não se trata com isso de negar a importância que outras instâncias estruturais tiveram e têm na emergência deste fenômeno, e assim sendo concordamos com Souza que a realocação valorativa em torno das atividades manuais e da vida cotidiana, tal como ocorreu no centro capitalista, é um processo necessário ao surgimento de uma moral única e válida para todos.

Por outro lado, ao contrário do que afirma Souza, "uma explicação não subjetivista e não descritiva" do processo de constituição de subcidadãos deve de início admitir que há uma relação entre subcidadania e precária difusão das relações de mercado em sociedades como a nossa e, a partir disso, explicar a ausência de "compartilhamento valorativo e

---

[26] Por "insuficiência" de mercado entenda-se a situação em que as relações por ele engendradas, mesmo quando hegemônicas, não se encontram igualmente difundidas entre todos os segmentos sociais ou, mesmo, entre todas as regiões de um dado país. Jessé Souza nos leva a crer que no Brasil, a partir de 1808, as relações sociais pré-modernas são, como num passe de mágica, plenamente substituídas pelas relações de mercado, secundadas pela instauração de um Estado racional. Ora, não só a escravidão persiste por mais oitenta anos, contrariando o princípio fundamental do mercado capitalista que é o do trabalho livre, como também, ao lado do assalariamento que se difunde nos centros urbanos, persistem os mais diversos tipos de relações de trabalho no campo e nas cidades, associados a grandes contingentes de trabalhadores informais que, em grande parte, jamais experimentaram o trabalho assalariado ou atividades regulares. O conceito marxista de articulação de modos de produção ou de fases e etapas de um mesmo modo de produção é, nesse sentido, útil para se compreender este tipo de situação. Neste processo é óbvio que estão em jogo fatores tais como a intermitência do crescimento econômico brasileiro, as desigualdades regionais e rural-urbanas nos níveis de desenvolvimento e, mesmo, a existência de excedentes populacionais que contribuem para rebaixar salários, aumentar a rotatividade da mão-de-obra não-qualificada e desestimular o assalariamento. Tudo isso junto tende a inibir a intensificação do processo de divisão do trabalho e as oportunidades de trabalho regular que dão suporte à "economia emocional" e ao igualitarismo típicos da modernidade, sem os quais parece não haver cidadania.

normativo transclassista", assinalando sua relação com a subcidadania. Ao afirmar que a naturalização da desigualdade, ou da subcidadania, no Brasil se deve ao não compartilhamento de uma moral transclassista fundada no reconhecimento social do trabalho, Souza acaba fornecendo fortes argumentos para explicar a subcidadania a partir da insuficiência de mercado e da incompleta difusão das relações impessoais que caracterizam a moderna burocracia estatal. Para ele, a cidadania tem relação direta com "um processo opaco presidido pela solidariedade entre indivíduos e classes que passam a compartilhar de uma mesma economia emocional e valorativa".[27] Ora, que solidariedade é essa que permite que indivíduos e classes estejam submetidos à mesma economia emocional e aos mesmos valores senão a solidariedade orgânica de Durkheim? Isso posto, se a solidariedade orgânica é uma pré-condição para a cidadania, esta última pode então ser explicada pelo caráter integrador e disciplinador do mercado.

Em se admitindo que a perspectiva teórica a partir da qual propomos que se aborde a questão da cidadania esteja correta, são inúmeros os problemas práticos e teóricos que, de imediato, se colocam. O primeiro e mais óbvio, do ponto de vista de suas implicações teóricas, é o problema da perda de centralidade da categoria trabalho na análise sociológica contemporânea.[28] Ainda que concordássemos plenamente com Clauss Offe sobre o fato de que "o trabalho não só foi deslocado objetivamente de seu *status* de uma realidade de vida central e evidente

---

[27] SOUZA. *Op. Cit.*, 2003. p. 25

[28] Robert Castel discorda, convincentemente, da afirmação de que o trabalho perdeu sua centralidade na vida contemporânea e critica a perspectiva dos que preconizam a invenção de novos suportes de reconhecimento social: "essas construções repousam numa confusão, ainda mais injustificável, entre a constatação, exata, de que o trabalho tornou-se cada vez mais problemático, e a implicação falsa, que o trabalho tem cada vez menos importância na vida dos homens e mulheres hoje em dia." (1998:155) Recorrendo aos dados disponíveis sobre a França, Castel afirma que aquele país nunca teve tantos assalariados como hoje e dispara: "Falar do 'fim dos assalariados', da 'saída dos assalariados', consiste pois gracejo sem graça, ou pura insanidade" (1998:155). "Falar da perda da centralidade do trabalho é fazer uma enorme confusão, confundindo o fato de o emprego ter perdido muito de sua consistência com o fato de que ele teria, por isso, perdido sua importância." Particularmente importante para o nosso argumento, de que há riscos, na atualidade, de desaparecimento das condições estruturais para a reprodução da cidadania, é a seguinte afirmação de Castel: "o medo de perder o emprego predomina, *e ele deixa de ser uma referência estável e uma garantia de integração à sociedade*. Mas é ainda sobre o trabalho, quer se tenha, quer este falte, quer seja precário ou garantido, que continua a desenrolar-se, hoje em dia, o destino da maioria dos atores sociais". (1998: 157) E conclui fulminante: "parece um pouco indecente construir discursos que celebram o fim da centralidade do trabalho a partir da situação globalmente negativa dos 'demandantes de emprego'." (1998: 157) (grifo nosso)

por si própria" e que em conseqüência disso ele está "perdendo seu papel subjetivo de força estimulante central na atividade dos trabalhadores", é preciso reconhecer que este é um fenômeno relativamente recente, associado às transformações do capitalismo tardio, que não anula o papel histórico desempenhado pelo trabalho na emergência da cidadania. Mais do que isso, este fenômeno que tem deslocado o foco da Sociologia para as dimensões da vida cotidiana e do "mundo vivido" constitui, de fato, um duplo problema: o primeiro, de ordem objetiva, diz respeito à ampliação da pobreza e da população marginalizada, inclusive nas sociedades do capitalismo central e, o segundo, de natureza teórica, diz respeito ao abandono apressado da categoria trabalho na pesquisa sociológica e, conseqüentemente, à imensa tarefa teórica, que assim se coloca, de identificar os elementos estruturais, se é que existe algum, que se responsabilizarão pela reprodução da ordem na sociedade do futuro.[29]

Isso dito, dado que mercado, trabalho e divisão de trabalho constituem historicamente as condições básicas de emergência da cidadania e dado que as economias periféricas têm encontrado sérias dificuldades para difundir, na intensidade e no ritmo necessários, estas condições, um segundo problema de ordem geral que se coloca é o de saber que esperanças podem ter as populações de vastas regiões do mundo de um dia acederem à plena cidadania? O bom senso exige que nos detenhamos num patamar menos ambicioso de indagações, limitando-nos a levantar algumas hipóteses muito gerais e provisórias sobre eventuais tendências de médio e longo prazos em países do centro e da periferia capitalista.

Quanto aos primeiros, talvez seja possível afirmar que as tendências de manutenção de elevadas taxas de desemprego e a proliferação de empregos temporários não regulamentados, associados à disponibilidade crescente de imigrantes em condições instáveis de trabalho, levem, a longo prazo, a um rebaixamento mais ou menos generalizado dos

---

[29] Um argumento que vai nesta mesma direção é o oferecido por Wuthnow sobre a perda de eficácia dos conteúdos morais historicamente associados às relações de mercado. Para esse autor, há indícios de que na atualidade, o sistema de mercado esteja passando por uma crise moral e de que a tecnologia esteja assumindo o tipo de força moral a ele tradicionalmente associada. Exemplos deste processo seriam os feitos que, de forma crescente, constituem motivo de orgulho para os americanos: a conquista da Lua, a pesquisa médica, os sistemas de defesa sofisticados, os avanços da tecnologia do lazer ou a última geração de computadores. (Wuthnow, 1987)

níveis de cidadania naqueles países. A este respeito, pode-se aventar a hipótese de que, da mesma forma que a oferta abundante de mão-de-obra tende a contribuir para o rebaixamento dos salários, a disponibilidade de amplos contingentes de não-cidadãos naquelas sociedades possa afetar seus níveis médios de cidadania. Exemplos disso seriam o retorno da pobreza e a recente ampliação, naqueles países, do contingente de desocupados e de trabalhadores em atividades socialmente pouco valorizadas, tais como as do trabalho doméstico e do comércio ambulante.

Por sua vez, a crescente informalização de certas atividades produtivas e o desenvolvimento de setores econômicos submersos ligados à criminalidade, principalmente em guetos urbanos, associados à violência individual e coletiva e à segregação étnica, racial e religiosa, tendem a conspirar contra as condições de reprodução da cidadania em muitas sociedades do Primeiro Mundo.

Offe observa que é altamente duvidoso que as atitudes em relação ao trabalho possam ser "remoralizadas", já que isso implicaria em contrapartida ética por parte dos investidores, o que se afigura como improvável dentro da ordem econômica vigente.[30]

Referindo-se aos aspectos paradoxais do mercado de trabalho na atualidade, Offe afirma que as realidades da Grã-Bretanha, da Itália, da América do Norte e da República Federal da Alemanha ensejam o prognóstico de que:

> em qualquer lugar que o desemprego estrutural for concentrado, poderão se desenvolver subculturas baseadas em uma empobrecida "economia informal" ou "economia paralela"; os membros dessas subculturas provavelmente devem ser pelo menos passivamente hostis aos valores e regras legais da "sociedade do trabalho" e poderiam facilmente formar-se em uma "cultura do desemprego", subproletária, uma "não-classe" de não-trabalhadores.[31]

Quanto aos países da periferia capitalista, uma análise ainda que muito geral e provisória dos dilemas hoje enfrentados pela sociedade

---

[30] OFFE, Clauss. Trabalho: A Categoria Sociológica Chave? In: _____. *Capitalismo Desorganizado: Transformações Contemporâneas do Trabalho e da Política*. São Paulo: Brasiliense, 1989. p. 49.

[31] Ibidem, p. 50.

brasileira talvez constitua um bom ponto de partida para a compreensão dos enormes problemas que eles devem enfrentar para alcançar patamares mínimos de cidadania.

ELEMENTOS PARA A COMPREENSÃO DOS LIMITES DA CIDADANIA NO BRASIL

As considerações tecidas nas páginas anteriores parecem-nos da maior relevância para a compreensão de certos processos sociais. Durkheim, por exemplo, nos fornece ferramentas teóricas muito úteis à compreensão dos limites impostos pelos baixos níveis de moralidade e pela desordem à construção da cidadania no Brasil.

Faz-se necessário, no entanto, que retomemos alguns pontos fundamentais do pensamento desse autor. Ao afirmar que "a característica das normas morais é que elas enunciam as condições fundamentais da solidariedade social", Durkheim acrescenta que, na sociedade moderna, "não apenas a divisão do trabalho apresenta o caráter pelo qual definimos a moralidade [...]", mas também que ela tende a constituir, cada vez mais, a condição essencial da solidariedade social.

Afirmando que a divisão do trabalho não põe em presença indivíduos, mas funções, e que a sociedade está interessada no jogo destas últimas porque delas depende tanto mais estreitamente quanto mais divididas estiverem as funções sociais, Durkheim conclui que a sociedade não pode deixá-las em estado de indeterminação. "Assim se formam estas normas, cujo número aumenta à medida que o trabalho se divide e cuja ausência torna a solidariedade orgânica ou impossível, ou imperfeita".[32]

Mais à frente Durkheim afirma que "não basta que haja normas, é preciso ainda que elas sejam justas, e para isso é necessário que as condições exteriores da concorrência sejam iguais".[33] Concluindo, o autor nos lembra que:

---

[32] DURKHEIM. *Op. Cit.*, p. 205.

[33] Ibidem, p. 205.

mudanças profundas produziram-se em pouco tempo, na estrutura das nossas sociedades; libertaram-se do tipo segmentar com uma rapidez e em proporções de que não se encontra outro exemplo na história. Por conseqüência, a moral que corresponde a este tipo social regrediu, mas sem que outra se desenvolvesse suficientemente depressa para que se preenchesse o espaço que a primeira deixou vago nas nossas consciências. A nossa fé foi abalada; a tradição perdeu seu domínio; o juízo individual emancipou-se do juízo coletivo. Mas por outro lado, as funções que se dissociaram no decurso da tormenta não tiveram tempo de se ajustar umas às outras, a vida nova que surgia abruptamente não pôde organizar-se por completo e, sobretudo, não se organizou de molde a satisfazer a necessidade de justiça, que mais ardentemente despertava nos nossos corações.[34]

Passados cem anos da publicação de *De la Division du Travail Social*, sentimo-nos tentados a pensar que aquilo que Durkheim afirmou sobre a sociedade européia de sua época, se aplicaria quase sem retoques à realidade brasileira contemporânea. Admitimos, no entanto, que nossa realidade social é ainda mais complexa e problemática não só porque nela convivem as mais diversas formas de trabalho, incluindo o trabalho escravo que tenta ressurgir ao menor descuido da sociedade, como também porque a exclusão como traço constitutivo de nossa história econômica e social nos distancia com freqüência das situações de pleno emprego, nas quais os eventuais desequilíbrios, ou caso queira, os desajustes funcionais, são mais facilmente contornados.

Vale aqui uma afirmação: a de que o caráter historicamente excludente da sociedade brasileira, além de constituir, por múltiplas razões, um entrave à incorporação de amplos segmentos populacionais ao mercado de trabalho formal, favorece a divisão anômica do trabalho, tornando "a solidariedade orgânica impossível ou imperfeita".

Mais concretamente, o peso da exclusão contribui não apenas para o rebaixamento dos salários, com freqüência percebidos como injustos, como também para elevar a níveis absurdos a rotatividade da mão-de-obra, comprometendo os processos de proletarização, de profissionalização e, conseqüentemente, de difusão da disciplina e da solidariedade tidas

---

[34] DURKHEIM. *Op. Cit.*, p. 206-207.

como indispensáveis ao bom funcionamento da sociedade. Por sua vez, não há como negar que estes processos se ligam à história de intermitência do crescimento econômico brasileiro, intermitência esta que contribui para realimentar a exclusão, na medida em que implica períodos, mais ou menos longos, de crescimento populacional a taxas superiores às do crescimento da economia.

A crítica de Jessé Souza à "crença fetichista de que o desenvolvimento econômico, por si só cuidaria de superar, como que 'espontaneamente', essas profundas clivagens sociais e políticas" da sociedade brasileira, revela, em toda sua extensão, o voluntarismo que permeia sua análise. Ao afirmar que "a produção de uma ralé estrutural, combinada à ausência de percepção política de longo prazo passa a se prefigurar então de forma inexorável", ele claramente atribui ao mercado e ao Estado a responsabilidade pela modernização seletiva, ou seja, pela exclusão. Ora, que Estado é este senão o reflexo de composições políticas nas quais sempre coube ao empresariado moderno e às demais forças progressistas um papel secundário, revelando, portanto, a fragilidade política e ideológica da burguesia brasileira frente a interesses sociais e econômicos pré-modernos? Por sua vez, "o fato de que a mesma situação de precariedade existencial, moral e política, típicas da situação do escravo e dependente no século XIX continuam no processo de industrialização e modernização de forma perversa"[35] não o autoriza a atribuir ao mercado a responsabilidade por tal situação. Aliás, é ele próprio quem observa que "a produção de uma ralé estrutural" precede o processo de modernização e que, com este último, "foi efetivamente possível a amplos setores das classes subalternas a ascensão e classificação social".[36] Ora, mesmo admitindo que ao longo do tempo as desigualdades sociais tenham se mantido constantes em termos relativos, como atribuí-las ao mercado se foi a sua expansão, sobretudo na segunda metade do século XX, que permitiu a incorporação de milhões de brasileiros, que chegam todo ano ao mercado de trabalho, aos processos de produção e consumo modernos? E isso para não falar dos indicadores socioeconômicos que

---

[35] SOUZA. *Op. Cit.*, 2003. p. 26.

[36] Ibidem, p. 26.

revelam significativas melhorias na qualidade de vida, inclusive das camadas mais pobres da população.

A sugestão, de nossa parte, de que os obstáculos à expansão da cidadania na sociedade brasileira residem menos diretamente nas desigualdades sociais que na exclusão ou na incorporação "anômala" de parcelas consideráveis da população ao processo de divisão do trabalho social exige ser mais bem qualificada uma vez que, de fato, a desigualdade tem sido atribuída, na sociologia brasileira contemporânea, a causas opostas àquelas identificadas pelos clássicos. Se, para estes últimos, o mercado foi, historicamente, responsável pela instauração da igualdade, entre nós ele tem sido, com freqüência, identificado como o pólo gerador das desigualdades sociais. Por outro lado, dado que a igualdade é, como vimos, um pressuposto da cidadania, pode parecer correto afirmar que as enormes desigualdades sociais conspiram contra a plena institucionalização desta última na sociedade brasileira. Tal afirmação é, quando muito, uma meia verdade posto que a má distribuição de renda tem sido interpretada como causa da exclusão e não como conseqüência, que de fato parece ser, de um longo processo histórico de exclusão, provavelmente imune a políticas convencionais de redistribuição de renda. Seja como for, atribuir as desigualdades sociais às relações de mercado tem contribuído para que a compreensão dos processos relativos à instauração dos direitos da cidadania no Brasil se situe próximo da estaca zero. Para facilitar a compreensão de nosso raciocínio, faz-se necessário distinguir pelo menos dois tipos de desigualdade, os quais poderíamos chamar provisoriamente de *desigualdade relativa* e *desigualdade absoluta,* ou, se se quiser, de desigualdade moderna e desigualdade pré-moderna. Com isso pretendemos fazer distinção entre a desigualdade nas sociedades igualitárias do centro capitalista que, estando mais claramente associada às relações de mercado, tende a expressar-se sobretudo em termos de diferenças de renda sem comprometer seriamente "as condições exteriores da concorrência", e a desigualdade histórica e estrutural das sociedades periféricas que, estando associada a um interminável processo de articulação – ou desarticulação – de "formas" e relações de produção, pouco ou nada teria a ver com os mecanismos de mercado.

Ora, se as relações de mercado, como vimos, constituíram historicamente as bases objetivas para a emergência do igualitarismo, como atribuir a elas a responsabilidade pela desigualdade? Ao invés de associá-la ao mercado, faz-se necessário admitir que a desigualdade decorre, sobretudo, da não generalização das relações por ele engendradas, vale dizer, da persistência, na sociedade brasileira, de estruturas e práticas sociais pré-modernas que, estas sim, parecem conspirar contra o pleno desenvolvimento das instituições de mercado. É desta forma que julgamos ser possível compreender tanto as nossas enormes desigualdades sociais, quanto a ausência de uma "economia emocional e valorativa" compartilhada por todas as camadas sociais, sem a qual não existe cidadania. A noção de "exclusão", por sua vez, também traz embutida a idéia de que é o mercado o pólo excludente, por excelência. Apesar disso e, na falta de termo melhor, referimo-nos à exclusão como fator inibidor da universalização dos direitos de cidadania no Brasil, sem, contudo, admitir que o mercado seja o pólo excludente. A nosso ver, a exclusão decorre de uma multiplicidade de fatores econômicos, políticos e culturais que se articulam para perpetuar as desigualdades, inibir a expansão das relações de mercado e o aprofundamento da divisão do trabalho e para ampliar os contingentes de trabalhadores informais, favorecendo a divisão anômica do trabalho através da multiplicação de estratégias de sobrevivência ligadas às mais diversas atividades anti-sociais e, portanto, para impedir o pleno desenvolvimento de uma moral única e válida para todos, vale dizer, da solidariedade moderna.

Durkheim talvez estivesse errado ao afirmar que os acréscimos de volume e densidade populacional determinam mecanicamente os progressos da divisão do trabalho, mas com certeza tinha razão ao afirmar que aquele que não se prende completamente nas malhas da organização profissional, ou melhor, aquele que a sociedade não prende o bastante, dela escapa e "precisamente porque ele não a sente nem com a vivacidade nem com a continuidade que seria preciso, não tem consciência de todas as obrigações que lhe impõe a condição de ser social".[37]

---

[37] DURKHEIM. *Op. Cit.*, 1984. p. 199.

Foge ao escopo da presente abordagem analisar as especificidades do processo de divisão do trabalho na sociedade brasileira. Cremos ser possível afirmar, no entanto, que os obstáculos à expansão da cidadania residem menos diretamente nas desigualdades sociais e na pobreza que na exclusão ou na incorporação "anômala" de parcelas consideráveis da população brasileira ao processo de divisão do trabalho social.

O que foi dito tem implicações práticas. Em primeiro lugar, parece óbvio que crescimento econômico rápido e continuado constitui um imperativo na sociedade brasileira, tanto para gerar empregos e combater a miséria, quanto pela necessidade de se alcançar, via intensificação da divisão do trabalho, níveis de solidariedade e coesão social mínimos, indispensáveis à extensão e ao aprimoramento dos direitos da cidadania. Observa-se, no entanto, que os esforços neste sentido devem ser redobrados já que a reestruturação da economia mundial nas últimas décadas tem implicado, exatamente, a supressão de postos de trabalho, seja para o operário qualificado da produção fordista, seja para a mão-de-obra não-qualificada. A isso se soma a crescente demanda por trabalhadores temporários (de tempo parcial), por tarefa e outras formas de trabalho pouco ou nada regulamentadas, associada à tendência de crescente desmobilização da classe trabalhadora.

Ao discutir as relações entre cidadania e trabalho, Marshall refere-se a questões que dão uma medida dos esforços a serem efetuados em sociedades, como a brasileira, para se alcançar aqueles objetivos:

> Não é tarefa fácil reviver o sentimento de obrigação pessoal para com o trabalho numa nova forma na qual tal sentimento esteja ligado ao *status* da cidadania. Tal tarefa não se torna mais fácil pelo simples fato de que a obrigação social não é ter emprego e mantê-lo, uma vez que isto é relativamente simples em condições de pleno emprego, mas dedicar-se de coração a um emprego e trabalhar bem. Pois o padrão pelo qual se mede o trabalho efetivo é imensamente elástico.[38]

Neste trecho, Marshall deixa explícita a estreita relação por ele estabelecida entre trabalho e cidadania, ressaltando que "ter emprego e mantê-lo [...] é relativamente simples em condições de pleno emprego",

---

[38] MARSHALL. *Op. Cit.*, 1967. p. 110.

o que, evidentemente, não ocorre na maior parte das sociedades capitalistas periféricas. Na sua concepção, o livre (e relativamente fácil) acesso ao trabalho é uma condição historicamente determinada que, transformada em direito, constitui a pedra angular da cidadania civil. No entanto, ao demonstrar preocupações com o "sentimento de obrigação pessoal para com o trabalho" e com a elasticidade do "padrão pelo qual se mede o trabalho efetivo", Marshall também parece não atentar para o exato papel da divisão do trabalho e das relações de mercado na produção das condições estruturais de emergência da cidadania civil, o que o leva a pensá-la enquanto fenômeno de alguma forma dependente da vontade individual ou coletiva. Quanto a este aspecto talvez seja válido invocar a noção de "self pontual", de Charles Taylor, e a de "autocontrole psíquico", de Norbert Elias, pois, a nosso ver, as duas fazem referência direta ao elemento disciplinador do mercado e também aos métodos racionais de administração do estado nação que, segundo Jessé Souza[39], constituem as instituições fundamentais da modernidade. Referindo-se ao conceito tayloriano de "self pontual", esse autor afirma que o caráter universal do reconhecimento social na modernidade tende a enfatizar o *como se faz* e não mais *o que se faz* – já que agora todo trabalho regular é igualmente digno –, o que decreta o fim da relação entre esse reconhecimento e a honra conferida às atividades consideradas nobres. Isso talvez possa responder à questão de Marshall sobre o "sentimento de obrigação pessoal para com o trabalho", pois este sentimento reflete o reconhecimento social que a posição estrutural de cidadão assegura aos indivíduos.

Do que foi dito, conclui-se que em sociedades como a nossa, além de promover o crescimento econômico, a ação do Estado, via políticas sociais, deve ser rigorosamente planejada em função dos objetivos de extensão da cidadania e, portanto, das exigências e restrições do mercado de trabalho. Isso implica a concepção e implementação de políticas concertadas capazes de atuar sobre as causas dos males sociais que políticas meramente compensatórias buscam em vão remediar. Em outras palavras, a possibilidade de que tais políticas tenham efeitos

---

[39] SOUZA. *Op. Cit.*, 2000.

positivos sobre os níveis de cidadania depende, em larga medida, de sua capacidade de generalizar as relações de mercado e aprofundar a divisão do trabalho enquanto mecanismos geradores da solidariedade e da coesão social, indispensáveis, nas sociedades modernas, à emergência, expansão e consolidação da cidadania, sobretudo da cidadania civil, a primeira e mais fundamental de suas dimensões.

Conclusão

Para sustentar nosso argumento central neste livro, fez-se necessário delimitar alguns processos que afirmamos guardar estreitas relações com o fenômeno da crescente divisão do trabalho na sociedade moderna. A rigor, procuramos chamar a atenção para a necessidade de releitura de textos clássicos como forma de identificar relações não percebidas ou insuficientemente exploradas pelos cientistas sociais.

No entanto, identificar processos que ocupam uma posição de absoluta e inegável centralidade na vida social, além de parecer tarefa demasiado ousada para uma disciplina que dá sinais de crise como a Sociologia, constitui uma postura que navega em sentido contrário ao de amplas e importantes correntes do pensamento social contemporâneo. Os esforços teóricos efetuados desde algum tempo parecem caminhar no sentido oposto ao da síntese, contribuindo para a multiplicação de perspectivas isoladas e unilaterais sobre aspectos da vida social, que, tratados dessa maneira, parecem não guardar qualquer relação entre si. Um de nossos propósitos aqui foi o de dar uma contribuição para que se possam superar os impasses decorrentes da influência que tais abordagens têm exercido no pensamento social. Se se reconhece que a crise por que passa a Sociologia decorre em grande parte da ausência de uma lógica convincente e articulada de explicação dos fenômenos sociais que permita à teoria sociológica alcançar um patamar desejável de cumulatividade, fica evidente que os esforços para identificar os elementos fundamentais na configuração dos processos sociais são uma empreitada intelectual indispensável.

É provável que a perspectiva teórica por nós assumida neste trabalho seja acusada, com alguma razão, de privilegiar a análise das dimensões estruturais. Isso se justifica, no entanto, pelo fato de insistirmos no argumento de que os cientistas sociais encontram-se em desacordo sobre construções teóricas de tal forma centrais que, dizendo respeito aos fundamentos da ordem e da mudança social, são a própria razão de ser desta disciplina. Como bem lembra Alexander, "os sociólogos são sociólogos porque acreditam que a sociedade tem padrões, estruturas de alguma maneira diferentes dos atores que a compõem", mas que, apesar disso, "eles se encontram, com freqüência, em desacordo a respeito das condições em que a ordem é produzida."[1] Argumentamos, também, que tais discordâncias e, portanto, o caráter essencialmente discursivo assumido pela Sociologia, decorrem menos da natureza específica de seu objeto de análise que da ausência de um arcabouço teórico que, incorporando de forma mais francamente cumulativa as contribuições dos clássicos, se mostrasse menos suscetível à unilateralidade das opções teórico-ideológicas dos cientistas sociais. Ora, se os clássicos ainda têm algo a nos dizer não é porque eles foram capazes de tudo explicar, mas, sim, porque alguns de seus argumentos sobre as dimensões fundamentais da vida social, além de invocarem um repertório mais ou menos constante de categorias analíticas, jamais foram convincentemente refutados. Como afirmamos anteriormente, à Sociologia interessam apenas temas e conceitos específicos cuja recorrência na teoria clássica aponta para sua centralidade na vida social e, portanto, para sua centralidade teórica. Prender-se aos conteúdos, inclusive os de ordem teleológica, que cada teoria tomada isoladamente busca enfatizar, é mais uma profissão de fé que uma escolha científica propriamente dita. É a tentativa de contribuir para a superação deste tipo de postura na produção do conhecimento sociológico que constitui a razão de ser deste livro e, assim sendo, procuramos nos concentrar na análise de alguns temas centrais no pensamento dos clássicos, identificando acordos ali onde normalmente só se vê oposição. Com efeito, o desacordo promovido pelo consenso ortodoxo a que se refere Giddens se dá em torno de questões teóricas a tal ponto centrais para a teoria sociológica que ela se vê impossibilitada de assumir um caráter mais francamente cumulativo. Argumentamos também que este desacordo tem estimulado a proliferação de estudos sobre temas que, não obstante

---

[1] ALEXANDER. *Op. Cit.*, 1987. p. 14.

o interesse específico que possam suscitar, pouco têm contribuído para a evolução da teoria sociológica. Sem resolver seus impasses teóricos mais centrais, a Sociologia dificilmente terá condições de aprofundar com sucesso a análise dos múltiplos fenômenos particulares que ela se propõe a explicar. Ao invés de empreender análises detalhistas e exegéticas sobre obras e autores isolados, alimentando a tradição de polêmica, optamos por identificar acordos entre os clássicos a partir de um tema cuja recorrência em suas obras aponta para a sua centralidade na configuração dos processos, das práticas e das instituições sociais. Trata-se, é claro, do tema da divisão do trabalho.

O nosso argumento de que o fenômeno da divisão do trabalho deve ocupar uma posição de destaque na teoria sociológica está baseado no fato de que ele mantém importantes relações com os processos societais mais característicos da modernidade. Foi isso que procuramos demonstrar quando enfatizamos sua relação com os fenômenos da coesão social fundada na interdependência entre os indivíduos, com a mudança histórico-estrutural, com a diferenciação social, com a formação da individualidade, com a instauração dos direitos da cidadania e, mesmo, quando procuramos relacionar o processo de burocratização com a institucionalização de práticas sociais generalizadas pelo aprofundamento da divisão do trabalho. Vale destacar também que a prioridade aqui dada aos clássicos está diretamente ligada ao fato deles haverem percebido – ainda que nem sempre avaliando todas as suas implicações – a importância da divisão do trabalho na configuração de processos sociais específicos.

Cada um desses autores enfatiza, no entanto, os aspectos que julga fundamentais na configuração do caráter singular da sociedade moderna; o tratamento isolado de cada um deles, sobretudo quando se procura enfatizar suas divergências, tem alimentado a crença de que identificar acordos significativos entre eles é uma tarefa impossível e, mesmo, indesejável para a teoria sociológica. A nosso ver, encontra-se aí um dos maiores obstáculos à superação do pensamento paradigmático e, conseqüentemente, à ampliação da capacidade cumulativa do conhecimento sociológico. A esse respeito, vale destacar, que mesmo um autor cético em relação à possibilidade de se superar paradigmas nas

Ciências Sociais, como Jeffrey Alexander[2], reconhece que o tratamento das contribuições clássicas como perspectivas irreconciliáveis é o que mais tem alimentado a tradição de polêmica na Sociologia, servindo mesmo de base para a proliferação de teorias unilaterais, incapazes de contribuir efetivamente para conferir ao conhecimento sociológico maior poder explicativo. Portanto, buscar acordos entre os clássicos, como tentamos fazer através do tema da divisão do trabalho, parece ser o primeiro e mais fundamental procedimento neste sentido.

A identificação destes acordos mostrou-se plenamente viável através da releitura de textos clássicos em que a divisão do trabalho emerge de forma inequívoca como elemento responsável pela conformação de um conjunto de fenômenos que vão constituir os traços distintivos da modernidade ocidental e capitalista, dentre os quais destacam-se aqueles analisados neste livro.

Quanto às dimensões da igualdade e da liberdade, abordadas no primeiro capítulo, cremos ser possível afirmar que, contrariamente à teoria social contemporânea, para a qual estes temas são objetos de interesse apenas enquanto categorias valorativas, as abordagens clássicas dedicam a eles especial atenção. Para os clássicos, igualdade e liberdade, além de constituírem valores fundamentais da modernidade, são realidades objetivas nas sociedades que lograram desenvolver plenamente as relações de mercado, enquanto realidades objetivas que constituem pressupostos de outras dimensões fundamentais da modernidade, tais como as do individualismo moral e da cidadania, igualdade e liberdade, assumem inequívoco significado sociológico para os clássicos.

Quanto ao tema do individualismo moral, é importante assinalar que o capítulo a ele dedicado não teve, obviamente, a pretensão de esgotar as reflexões a este respeito. Tampouco pretendemos negar as contribuições de autores fundamentais para esta discussão, tais como Marx e Weber, entre os clássicos, e Dumont, Bourdieu e Habermas, entre os contemporâneos. O que quisemos, na verdade, foi dar uma contribuição específica sobre a formação da moderna noção de indivíduo no ocidente, elegendo a análise de Georg Simmel como principal fonte de reflexão

---

[2] ALEXANDER. *Op. Cit.*, 1999.

teórica e comparando-a com uma interpretação mais recente sobre o fenômeno do individualismo, a saber, a do filósofo político Charles Taylor. Como já destacamos, esse autor sustenta que uma das dimensões que constituem a moderna noção de indivíduo, a autenticidade, é elaborada somente através de elementos subjetivos, internos ao indivíduo, não guardando nenhuma relação com processos sociais mais profundos. Aqui, recorremos à interpretação simmeliana de modo a estabelecer um contra-argumento à tese sustentada por Taylor. Nesse sentido, a multiplicação dos círculos sociais parece mesmo ser a fonte geradora das possibilidades através das quais os indivíduos podem seguir trajetórias fundadas no princípio da autenticidade. Portanto, a busca pela autenticidade deve pressupor, antes mesmo de ser reivindicada pelos atores sociais, uma variedade de círculos sociais que seja suficiente para assegurar a cada indivíduo a possibilidade de construir biografias e projetos únicos. Desse modo, a dimensão da autenticidade, ainda que envolva elementos subjetivos, cuja manipulação parece mesmo depender dos próprios indivíduos, está associada, sobretudo, ao efeito de determinados processos sociais sobre o modo como os indivíduos interagem e criam formas de interação social. O fenômeno do individualismo moral, sendo uma construção ocidental e moderna, e dependendo, em todas as suas dimensões, do avanço de determinados processos sociais como, por exemplo, o da multiplicação dos círculos sociais, parece estar intimamente relacionado com um outro processo central, qual seja, o da divisão do trabalho. O processo de divisão do trabalho, por sua vez, parece mesmo, como já sugerimos, ocupar uma posição de inegável e absoluta centralidade na conformação dos processos sociais mais característicos da modernidade.

Neste ponto, gostaríamos de retomar uma idéia, que embora não sendo nova, parece ter sido esquecida por correntes importantes do pensamento social contemporâneo que ainda interpretam o fenômeno do individualismo como uma ameaça à solidariedade social de outrora[3]. É preciso esclarecer que quando falamos de individualismo moral não

---

[3] Nenhum dos grandes clássicos da Sociologia via a possibilidade de o indivíduo se constituir a não ser em suas relações com os demais. Mesmo Weber e Simmel, constantemente identificados como os fundadores do individualismo metodológico, percebiam que fenômenos mais gerais (a ética protestante para Weber e a multiplicação dos círculos sociais para Simmel) antecediam o individualismo.

pretendemos sugerir que outras formas de individualismo ditas *amorais* ou *anômicas* prescindam de um pano de fundo estrutural ou de uma moralidade específica. Não há, em sentido rigoroso, nenhuma forma de individualismo que não decorra de contextos morais e estruturais mais objetivos. O recurso a Simmel é aqui bastante pertinente, posto que demonstra como formas distintas de individualismo – a do século XVIII e a do século XIX – estiveram ligadas aos mesmos processos de multiplicação dos círculos sociais e de divisão social do trabalho. No entanto, é mesmo em Durkheim que o fenômeno do individualismo se apresenta efetivamente como algo plenamente compatível com a coesão social. Para ele, é a alteração nas formas de solidariedade social, e não sua extinção, que permite a autonomia individual. Portanto, longe de pressupor o atomismo e a anomia social, a coesão social funda-se na regulamentação e na reprodução de configurações institucionais específicas.

No que se refere ao tema da burocracia, abordado no terceiro capítulo, recorremos a diversos autores, utilizando categorias e conceitos tais como os de economia monetária, impessoalidade, diferenciação e coesão sociais para esclarecer como este fenômeno se articula com o processo de divisão do trabalho. Sobre este tema específico pareceu-nos oportuno ressaltar que o elemento comum da relação entre divisão do trabalho e burocracia é o que chamamos de impessoalidade ou, se se quiser, de "desumanização" das relações entre as pessoas. Nesse sentido argumentamos também que se trata, na verdade, de considerar que a estabilidade da forma burocrática de administração, tal como definida por Weber, depende da reprodução dessas relações impessoais.

Ao definir o estado como o detentor legítimo dos meios de coerção física, Weber referia-se claramente à façanha protagonizada pela moderna administração burocrática de realizar a separação entre os instrumentos de repressão e as posses dos funcionários. Tal separação, como vimos no capítulo 3, tende a ser constantemente embargada por práticas sociais não-impessoais e, de forma inversa, tende a ser amplamente favorecida por relações impessoais que em tudo se assemelham àquelas que o mercado e a divisão do trabalho historicamente se encarregaram de instaurar na maior parte dos países da Europa Ocidental e nos Estados Unidos. Por mais que na *Ética Protestante e o Espírito do Capitalismo*, Weber deixe clara a *afinidade eletiva* entre a concepção de mundo do ascetismo religioso e as relações impessoais de que falamos (como de resto, entre esta concepção e a racionalização instrumental nas demais esferas da vida social), é ele próprio que também admite haver a mesma afinidade entre a lógica impessoal e racional do mercado e o processo crescente de racionalização burocrática.

Especialmente importante para o nosso argumento sobre a relação entre divisão do trabalho (e os fenômenos a ela relacionados) e burocracia é que a intuição weberiana, que no máximo aponta a confluência e o mútuo reforço entre as lógicas de esferas distintas da vida social, surge em Norbert Elias como a mais clara evidência de que princípios estruturais mais profundos, como a intensificação da divisão do trabalho e da interdependência social, antecedem o estado burocrático centralizado no processo de "pacificação social". Se, num primeiro momento, a centralização política e administrativa decorrente da ampliação das redes de interdependência não se traduzia de imediato em domínio impessoal, no momento posterior à difusão de uma mesma estrutura psicossocial, por todas as camadas sociais inseridas no processo de divisão de trabalho, produzirá de forma inelutável as práticas impessoais que darão o "acabamento final" ao estado nacional burocratizado.

Enfatizamos, finalmente, que a relação entre divisão do trabalho e burocracia pode ser mais bem entendida à luz do conceito de dualidade da estrutura, formulado por Giddens. Tal abordagem chama a atenção para a centralidade do processo de divisão do trabalho na vida social e, conseqüentemente, para a fecundidade dessa categoria em termos de explicação sociológica.

No capítulo dedicado à questão da cidadania, o que procuramos efetivamente demonstrar é que seus pressupostos (a liberdade, a igualdade, o individualismo moral, a solidariedade e, mesmo, a moderna burocracia estatal enquanto guardiã impessoal dos direitos dos cidadãos) são fenômenos de ordem estrutural, associados às relações de mercado e, mais especificamente, ao aprofundamento da divisão do trabalho. Procuramos demonstrar também como a emergência da solidariedade e/ou da "economia emocional", indispensáveis ao pleno exercício da cidadania, são fenômenos que pressupõem o igualitarismo propiciado pelas relações de mercado e, portanto, a prevalência de uma ordem social plenamente burguesa. Paralelamente, procuramos demonstrar como a cidadania, pelo menos em sua dimensão civil, é um fenômeno estrutural amplamente independente do processo político, sugerindo inclusive que a eficácia da democracia política parece depender da prévia democratização das relações sociais.

Isso posto, diante do desafio de estabelecer pontos de contato entre as diversas teorias e escolas, procurando identificar acordos indispensáveis a um conhecimento sociológico mais francamente cumulativo, cremos que os pesquisadores envolvidos nessa tarefa têm no conceito de divisão do trabalho um poderoso instrumento.

Cabe destacar, finalmente, a importância que o resgate dos clássicos parece ter para o avanço da teoria social. Entre os esforços recentes nesse sentido, cabe assinalar as contribuições de Giddens[4] e Alexander[5] que, embora empreendendo análises distintas sobre os fenômenos da vida social, costumam entrar em acordo quando se trata de apontar os problemas pelos quais tem passado a teoria sociológica. Entre esses problemas estão as leituras acríticas e apologéticas dos clássicos, predominantes em nossa disciplina. Giddens e Alexander reconhecem que os "pais fundadores" ainda têm muito a dizer sobre as sociedades contemporâneas. Afinal, um clássico não é apenas alguém que no passado deu alguma contribuição ao avanço de um determinado campo do saber, mas, para além disso, "os clássicos [...] são fundadores que ainda falam para nós com uma voz que é considerada relevante. Eles não são relíquias antiquadas, mas podem ser lidos e relidos com proveito, como fonte de reflexão sobre problemas e questões contemporâneas".[6]

Com efeito, a superação dos impasses que atualmente se colocam ao avanço da Sociologia parece exigir a releitura dos clássicos. Essa releitura, no entanto, deve se desfazer daqueles rótulos e jargões que obscurecem o que de melhor pode ser aproveitado em suas contribuições.

---

[4] Cf. GIDDENS, Anthony. *Política, sociologia e teoria social: encontros com o pensamento social clássico e contemporâneo*. São Paulo: Unesp, 1998; e GIDDENS, Anthony. *Em Defesa da Sociologia*. Ensaios, interpretações e tréplicas. São Paulo: Ed. UNESP, 2001.

[5] Cf. ALEXANDER. *Op. Cit.*, 1987; e ALEXANDER. *Op. Cit.*, 1999.

[6] GIDDENS, Anthony. Introdução. In: _____. *Política, sociologia e teoria social: encontros com o pensamento social clássico e contemporâneo*. São Paulo: Unesp, 1998. p. 15.

Referências

ALEXANDER, Jeffrey. O novo Movimento Teórico. *Revista Brasileira de Ciências Sociais*. São Paulo, v. 2, n. 4, p. 5-28, jun -1987.

ALEXANDER, Jeffrey. A importância dos Clássicos. In: GIDDENS, Anthony; TURNER, Jonathan. *Teoria Social Hoje*. São Paulo: Unesp, 1999. p. 23-89.

BOURDIEU, Pierre. *Coisas Ditas*. São Paulo: Brasiliense, 1990.

CASTEL, Robert. As Metamorfoses do Trabalho. In: Fiori et al. *Globalização: o fato e o Mito*. Rio de Janeiro: EDUERJ, 1998.

CAUBET, Christian C. As várias cidadanias da Constituição de 1988. *Ciências Sociais Hoje*. 1989. pp. 133-157.

CAUME, David J. Weber e a Modernidade. *Fragmentos de Cultura*. Goiânia, V. 12 . p. 113-129, out-2002.

COHEN, Percy. *Teoria Social Moderna*. Rio de Janeiro: Zahar Editores, 1970.

CORCUFF, Philippe. *As Novas Sociologias*. São Paulo: Edusp, 2001.

CUNHA, Flávio Saliba; TORRES JUNIOR, Roberto Dutra . *Divisão do trabalho e burocracia:* por um diálogo entre os clássicos. Campos dos Goytacazes: CCH/UENF, 2003, p. 1-21.

DUMONT, Louis. *Homus Hierarchicus:* o sistema de castas e suas implicações. São Paulo: EDUSP, s/d.

DURKHEIM, Émile. A divisão do trabalho social. In: GIANNOTTI, José Arthur; MOURA, Carlos Alberto Ribeiro de [et al] *Durkheim* (Os pensadores). São Paulo: Abril Cultural, 1978. p. 3-70.

DURKHEIM, Émile. *A divisão do trabalho social*. 2 vols. Lisboa: Editorial Presença, 1984.

ELIAS, Norbert. *O processo civilizatório*. Lisboa: Publicações Dom Quixote, 1990.

ELIAS, Norbert. *A sociedade dos indivíduos*. Rio de Janeiro: Jorge Zahar Ed., 1994

GIDDENS, Anthony. Durkheim e a questão do individualismo. In: _____. *Política, sociologia e teoria social: encontros com o pensamento social clássico e contemporâneo*. São Paulo: Unesp, 1998. p. 147-168.

GIDDENS, Anthony. *As conseqüências da modernidade*. São Paulo: Ed. UNESP, 1991.

GIDDENS, Anthony. Introdução. In: _____. *Política, sociologia e teria social: encontros com o pensamento social clássico e contemporâneo*. São Paulo: Unesp, 1998. p. 9-23.

GIDDENS, Anthony. *As novas regras do método sociológico*. Rio de Janeiro: Jorge Zahar Ed., 1999.

GIDDENS, Anthony. *Em defesa da Sociologia*. Ensaios, interpretações e tréplicas. São Paulo: Ed.UNESP, 2001.

IANNI, Octávio *O ciclo da revolução burguesa*. Petrópolis: Vozes, 1984.

MARSHALL, T. H *Cidadania, classe social e status*. Rio de Janeiro: Zahar, 1967.

MARX, Karl. Grundisse. *Foundations of the Critique of Political Economy* (Rogh Draft). Harmondsworth: Penguin. 1973.

MARX, Karl; ENGELS, Friedrich. *A ideologia Alemã*. São Paulo: Ed. Hucitec, 1989.

MARX, Karl. *O Capital*. 16. ed. Rio de Janeiro: Civilização Brasileira. 16º edição. 1998.

MORAES FILHO, Evaristo de (Org.). *Simmel: sociologia*. São Paulo: Ática, 1983. (Col. Os grandes cientistas sociais)

OFFE, Clauss. Trabalho: A Categoria Sociológica Chave? In: _____. *Capitalismo desorganizado*: transformações contemporâneas do trabalho e da política. São Paulo: Brasiliense, 1989. p. 167-197.

RAMMSTEDT, O.; DAHME, H. J. A modernidade atemporal dos clássicos da sociologia: reflexões sobre a construção de teorias em Émile Durkheim, Ferdinand Tönnies, Max Weber e especialmente Georg Simmel. In: SOUZA, Jessé & OELZE, Bertthold. *Simmel e a modernidade*. Brasília: Ed UNB, 1998. p. 191-223.

REIS, Fábio Wanderley. Cidadania, mercado e sociedade civil, in: DINIZ, Eli; LOPES, José Sérgio Leite; PRANDI, Reginaldo (Org.). *O Brasil no rastro da crise*. São Paulo, ANPOCS/IPEA/HUCITEC. 1994.

ROBERTS, Bryan R. A dimensão social da cidadania. *Revista Brasileira de Ciências Sociais*, n. 33, 1997. p. 5-22.

SANTOS, Wanderley Guilherme. *Cidadania e justiça: a política social na ordem brasileira*. Rio de Janeiro: Campus, 1979.

SIMMEL, Georg. La ampliación de los grupos sociales a la formación de la individualidad. In: _____. *Sociología, 1: estudios sob las formas de socialización*. Madrid: Alianza Editorial, 1977a. p. 741-808.

SIMMEL, Georg. La cantidad en los grupos socials. In: _____. *Sociología, 1: estudios sob las formas de socialización.* Madrid: Alianza Editorial, 1977b. p. 425-478.

SIMMEL, Georg. O dinheiro na cultura moderna (1890). In: SOUZA, Jessé; OELZE, Bertthold (Org.). *Simmel e a modernidade.* Brasília: Ed UNB, 1998. p. 23-40.

SOUZA, Jessé. Charles Taylor e a teoria crítica do reconhecimento. In: _____. *A modernização seletiva: uma reinterpretação do dilema brasileiro.* Brasília: Editora UNB, 2000. p. 95-123.

TAYLOR, Charles. A cultura da modernidade. In: _____. *As fontes do self: a construção da identidade moderna.* São Paulo: Edições Loyola, 1997a. p. 369-395.

TAYLOR, Charles. A natureza interior. In: _____. *As fontes do self: a construção da identidade moderna.* São Paulo: Edições Loyola, 1997b.p. 241-259.

TAYLOR, Charles. Explorando "L' humaine condition". In: _____. *As fontes do self: a construção da identidade moderna.* São Paulo: Edições Loyola, 1997c. p. 231-341.

TOCQUEVILLE, Aléxis de. *A democracia na América.* Belo Horizonte: Editora Itatiaia, 1962.

WEBER, Max. Burocracia. In: WRIGHT, Mills C.; GERTH, H. H. (Org.). *Ensaios de Sociologia.* Rio de Janeiro: Guanabara, 1982.

WEBER, Max. As causas sociais do declínio da cultura antiga. In: COHN, Gabriel (Org.). *Weber. Sociologia.* São Paulo: Ática, 1989. p. 37-58. (col. Grandes cientistas sociais)

WUTHNOW, Roberto. *Meaning and Moral Order. Explorations in Cultural Analysis.* Berkeley, Los Angeles, London: University of California Press, 1987.

Flávio Saliba Cunha. Graduado em Ciências Sociais pela UFMG. Doutor em Sociologia pela EHESS, Universidade de Paris. Estudos pós-doutorais: Universidade da Califórnia, Berkeley. Professor da UFMG e da UENF.

Roberto Dutra Torres Júnior. Aluno da graduação em Ciências Sociais - UENF.

A presente edição foi composta pela Editora C/Arte em tipologia Palatino 10,5, Rotis Sans Serif 7,5/11,5 e impressa pela Gráfica e Editora O Lutador em sistema *offset*, papel *Offset* 90g (miolo) e cartão supremo 250g (capa) com plastificação fosca.